Erbschaftsteuergesetz

Fassung vom 25. Juni 1931

mit Anmerkungen

Von

Prof. Dr. Herbert Schachian
Rechtsanwalt und Notar in Berlin

Fünfte Auflage

Berlin und Leipzig 1931

Walter de Gruyter & Co.

vormals G. J. Göschen'sche Verlagshandlung / J. Guttentag, Verlagsbuchhandlung / Georg Reimer / Karl J. Trübner / Veit & Comp.

Vorwort zur ersten Auflage.

Das Erbschaftsteuergesetz hat durch die Zweite Steuer-Notverordnung vom 19. Dezember 1923 (RGBl. I S. 1205 ff.) Artikel III in zahlreichen Punkten eine Änderung erfahren. Der Zweck der Zweiten Steuer-Notverordnung, die Reichssteuern auf Goldbasis zu stellen, brachte bei der Erbschaftsteuer ebenso wie bei den übrigen Reichssteuern auch in materieller Hinsicht eine Überprüfung und Änderungen des Gesetzes mit sich. Nachdem das Erbschaftsteuergesetz vom 10. September 1919 (RGBl. S. 1543) auf Grund des Gesetzes zur Änderung des Erbschaftsteuergesetzes vom 20. Juli/7. August 1922 (RGBl. I S. 610, 695) geändert und neu gefaßt worden ist, hat es weitere Abänderungen erfahren durch das Gesetz über die Berücksichtigung der Geldentwertung in den Steuergesetzen vom 20. März 1923 (RGBl. I S. 198) und durch die Verordnung über die Besteuerung von ausländischen Vermögen und Einkommen vom 16. Februar 1923 (RGBl. I S. 145). Eine amtliche Neuredaktion des Textes des Erbschaftsteuergesetzes ist weder nach Maßgabe der letztgenannten Vorschriften noch auf der Grundlage der Zweiten Steuer-Notverordnung vom 19. Dezember 1923 erfolgt, noch steht sie zu erwarten. Ein unabweisbares Bedürfnis der Praxis besteht daher, den zurzeit geltenden Text des Erbschaftsteuergesetzes zu redigieren und wiederzugeben. Diesem Bedürfnis dient die vorliegende Ausgabe. Eine amtliche Tabelle zur Berechnung der Erbschaftsteuer nach dem neuen Goldtarif ist dem Text vorangestellt. Anmerkungen, unter möglichst vollständiger Berücksichtigung auch amtlich nicht veröffentlichter Entscheidungen des Reichsfinanzhofs, sollen die Anwendung des Gesetzes erleichtern helfen. Knappe Fassung, Beschränkung auf das Wesentliche, aber Hervorhebung systematischer Fragen entspricht dem Zweck der Ausgabe.

Es bestand ursprünglich die Absicht, den im gleichen Verlage erschienenen umfangreichen Kommentar des Verfassers zum Erbschaftsteuergesetz in zweiter Auflage erscheinen zu lassen. Die sprunghafte Entwickelung der Steuergesetzgebung zwingt, diesen Plan vorerst zu vertagen. Herr Geh. Justizrat Dr. Eugen Fuchs, welcher den Erbschaftsteuerkommentar des Verfassers bei seinem Erscheinen mit Worten gütiger Anerkennung begrüßt hat (Jur. Woch. 1921 S. 1057), gab die Anregung, für die Bedürfnisse der Praxis zunächst den geltenden Text des Erbschaftsteuergesetzes zusammenzustellen und knapp zu erläutern. Nachdem in den letzten Wochen Eugen Fuchs der deutschen Rechtswissenschaft durch den Tod entrissen ist, möge dem Andenken des verehrten Lehrers und Freundes dieses Buch gewidmet sein.

Für die wertvolle Unterstützung, welche Herr Ministerialamtmann Wurzel vom Reichsfinanzministerium bei der Herstellung der Ausgabe gewährt hat, spricht der Verfasser auch an dieser Stelle seinen besten Dank aus.

Berlin, im Januar 1924.

Der Verfasser.

Vorwort zur fünften Auflage.

Nachdem die vierte Auflage erschöpft ist, habe ich mit der neuen Auflage gewartet, bis die durch die Notverordnung des Reichspräsidenten vom 1. Dezember 1930 herbeigeführte Änderung des Erbschaftsteuergesetzes in einer amtlichen Neufassung vom 25. Juni 1931 — RGBl. I S. 346 — vorlag und mit ihr die neuen Wertermittlungsvorschriften zur Erbschaftsteuer vom gleichen Datum — RGBl. I Seite 347 —. Die höchstrichterliche Rechtsprechung hat inzwischen ihrem Umfang nach so zugenommen, daß sich die neue Auflage mehr noch als bisher auf ihren eigentlichen Zweck beschränken mußte, damit das Buch in seinem Rahmen bleibt. Man kann nicht sagen, daß die neuen Vorschriften über die Wertermittlung zur Erbschaftsteuer die Anwendung des Gesetzes gerade erleichtert haben. Um so mehr wird es eine schwierige und verantwortungsvolle Aufgabe der mit der Handhabung des Erbschaftsteuergesetzes betrauten Behörden sein, einer wirtschaftlichen und praktischen Behandlung des einzelnen Steuerfalles gerecht zu werden.

Das Buch konnte sich auch bei dieser Auflage der wertvollen Unterstützung von Herrn Ministerialamtmann Wurzel vom Reichsfinanzministerium erfreuen, für welche der Verfasser nochmals dankt.

Berlin, im Juli 1931.

Der Verfasser.

Abkürzungen.

AO. (oder AO. n. F.) = Reichsabgabenordnung vom 22. Mai 1931 (RGBl. I S. 161).

AO. a. F. . . . . AO. vom 13. Dezember 1919 (RGBl. S. 1993).

DVR. . . . . . . Deutsche Verkehrssteuer-Rundschau (z. B. DVR. **14** 211 = 14. Jahrgang S. 211).

Erbl. . . . . . . Erblasser.

ErbSt. . . . . . Erbschaftsteuer.

ErbStAB. . . . Ausführungsbestimmungen zum Erbschaftsteuergesetz vom 13. Juli 1926 (RMBl. S. 745).

ErbStDB. . . . Bestimmungen zur Durchführung der Wertermittlung bei der Erbschaftsteuer vom 25. Juli 1931 (RGBl. I S. 347).

ErbStG. . . . . Erbschaftsteuergesetz 1925/1931.

ErbStÜB. . . . Verordnung zur Überleitung des Erbschaftsteuerrechts vom 28. Juni 1926 (RGBl. I S. 361).

FA. . . . . Finanzamt.

Jb. . . . . Jahrbuch des Steuerrechts von Dr. Koppe, Berlin (z. B. Jb. **9** 233 = 9. Jahrgang S. 233).

JW. . . . . . . Juristische Wochenschrift (Jahrgang, Seite).

LFA. . . . . . . Landesfinanzamt.

Mirre . . . . . . Mirre, Erbschaftsteuergesetz. 2. Auflage. 1923.

RBewG. . . . . Reichsbewertungsgesetz vom 22. Mai 1931 (RGBl. I S. 222).

RBewVStDB. . Durchführungsbestimmungen zum Reichsbewertungsgesetz und zum Vermögensteuergesetz für die Einheitsbewertung und Vermögensteuerveranlagung nach dem Stande vom 1. Januar 1931. Vom 22. Mai 1931 (RGBl. I S. 252).

RFBl. . . . . . Amtsblatt der Reichsfinanzverwaltung.

RFH. . . . . . . Entscheidung (Gutachten) des Reichsfinanzhofs (z. B. RFH. **7** 35 = Band 7 S. 35 der Amtlichen Sammlung der Entscheidungen und Gutachten des RFH.).

RFM. . . . . . Reichsfinanzminister.

RGBl. . . . . . Reichsgesetzblatt (Teil I oder II).

RMBl. . . . . . Reichsministerialblatt (Seite oder Jahr und Seite).

RStBl. . . . . . Reichssteuerblatt (Seite oder Jahr und Seite).

StW. . . . . . . Steuer und Wirtschaft (z. B. StW. **2** 56 = 2. Jahrgang Nr. 56 der Entscheidungen).

Zuw. . . . . . . Zuwendung.

Inhaltsverzeichnis.

Erbschaftsteuertarif.

(Vergl. § 10.)

Anfall bis einschl. Reichsmark	Steuerklasse I	II	III	IV	V
	vom Hundert				
10 000	2	4	6	8	14
20 000	2,5	5	7,5	10	16
30 000	3	6	9	12	18
40 000	3,5	7	10,5	14	20
50 000	4	8	12	16	22
100 000	4,5	9	13,5	18	24
150 000	5	10	15	20	26
200 000	5,5	11	16,5	22	28
300 000	6	12	18	24	30
400 000	6,5	13	19,5	26	32
500 000	7	14	21	28	34
600 000	7,5	15	22,5	30	36
700 000	8	16	24	32	38
800 000	8,5	17	25,5	34	40
900 000	9	18	27	36	42
1 000 000	9,5	19	28,5	38	44
2 000 000	10	20	30	40	46
4 000 000	11	21	32	42	48
6 000 000	12	22	34	44	51
8 000 000	13	23	36	46	54
10 000 000	14	24	38	48	57
darüber	15	25	40	50	60

Erbschaftsteuergesetz.

Vom 22. August 1925 (RGBl. I S. 320) / 25. Juni 1931 (RGBl. I S. 346).

I. Teil.

Steuerpflicht.

1. Gegenstand der Erbschaftsteuer.

§ 1.

(1) Der Erbschaftsteuer unterliegen

1. der Erwerb von Todes wegen,[1])
2. Schenkungen unter Lebenden,[1])
3. Zweckzuwendungen.[1])

(2) Soweit nichts Besonderes bestimmt ist,[2]) gelten die Vorschriften dieses Gesetzes über den Erwerb von Todes wegen auch für Schenkungen und Zweckzuwendungen,[3]) die Vorschriften über Schenkungen auch für Zweckzuwendungen unter Lebenden.

1. § 1 zählt die vom Gesetz erfaßten Gegenstände der Besteuerung auf. Nr. 1 betrifft die eigentliche Erbschaftsteuer, die Erbanfallsteuer des § 1 Nr. 2 ErbStG. 1919; die Nachlaßsteuer (§ 1 Nr. 1 ErbStG. 1919) ist seit der Novelle vom 20. Juli/7. Aug. 1922 weggefallen. — Die Steuer auf Schenkungen nach Nr. 2 ist eine antizipierte Erbschaftsteuer; sie trifft freigebige Zuwendungen unter Lebenden, weil durch solche Zuwendungen sonst die Erbschaftsteuerpflicht vermieden werden könnte. Bei den Zweckzuwendungen (Nr. 3) handelt es sich um Zuwendungen (von Todes wegen oder unter Lebenden) zur Verwirklichung eines Zwecks durch eine Mittelsperson (Beschwerten). Die gesetzlichen Tatbestände zu den in § 1 Nr. 1 bis 3 aufgeführten Vorgängen sind in den §§ 2 bis 4 erschöpfend aufgezählt und bei diesen erläutert. Zweck des ErbStG. ist, den unentgeltlichen Vermögenserwerb grundsätzlich und ausschließlich zu besteuern (RFH. **20** 2). Erwerb im Sinne der §§ 1 bis 3

und des § 23 Abs. 1 ist das nach §§ 21 bis 23 in Verbindung mit den Vorschriften des RBewG. bewertete angefallene Vermögen im Sinne der genannten Vorschriften, abzüglich der nach diesen abziehbaren und zu bewertenden Schulden und Lasten (RFH. 21. Mai 1931 — I D 1/30 — Bd. **29**).

Wo im Gesetz Begriffe des bürgerlichen Rechts für die Frage der Steuerpflicht verwertet werden, ist ihre Bedeutung und Tragweite nach den Vorschriften des BGB. zu beurteilen, soweit nicht das ErbStG. selbst Abweichendes bestimmt (RFH. 28. Febr. 1923 — VI A 13/23 —, Jb. **4** 193; RFH. 8. Okt. 1929 — Ve A 62/28 —, StW. **8** 996). § 4 AO. a. F. (§ 9 AO. n. F.) ist nur insoweit anzuwenden, als sich nicht aus der einzelnen Vorschrift des ErbStG. ergibt, daß die Steuerpflicht ausschließlich nach den Rechtsbegriffen des bürgerlichen Rechts beurteilt werden soll (RFH. 17. Febr. 1931 — Ie A 73/31 —, RStBl. 241). Auf den wirtschaftlichen Erfolg allein — ohne Rücksicht auf den zu seiner Erreichung eingeschlagenen Weg — kommt es nicht an (RFH. 24. Febr. 1931 — Ie A 340/30 —, StW. **10** 325). Bei ernstlich gemeintem Vergleich der Beteiligten, unter Umständen auch einem Vergleich zur Auslegung zweifelhafter Gesetzesvorschriften, ist die durch ihn herbeigeführte Rechtslage zu berücksichtigen (RFH. **1** 1, **1** 24 und **1** 28; Vergleich über Pflichtteil: RFH. **16** 95; über Aufwertung von Papiermark-Vermächtnissen: RFH. **18** 291); die rein bürgerlich-rechtliche Betrachtung tritt zurück hinter der von den Beteiligten für rechtswirksam gehaltenen Regelung (RFH. 30. Okt. 1925 — Ve A 189/25 —, StW. **4** 599); doch ist vertragliche Änderung unbestrittener erbrechtlicher Verhältnisse kein die Steuerbehörde bindender Vergleich (RFH. **6** 341). — Rechtsmittelinstanz kann den Besteuerungsgrund ändern, statt Erbanfall Schenkung annehmen (RFH. **26** 2).

2. z. B. § 12 Satz 2 und § 14 Abs. 1 Nr. 2 und 3.

3. Gilt nicht für erbschaftsteuerrechtliche Bestimmungen außerhalb des ErbStG., z. B. die Vergünstigung für die Sparprämienanleihe 1919 (RFH. **5** 2) oder die Reichsanleihe 1929, die nach der VO. vom 17. Mai 1929 (RGBl. I S. 95) von der Erbschaftsteuer befreit ist, soweit sie vom Erbl. selbst gezeichnet wurde.

§ 2.

(1) Als Erwerb von Todes wegen gilt

1. der Erwerb durch Erbanfall,[1]) durch Vermächtnis[2]) (§§ 2147 ff. des Bürgerlichen Gesetzbuchs) oder auf Grund eines geltend gemachten Pflichtteilsanspruchs;[3])

2. der Erwerb auf Grund einer Nachfolge in ein Hausgut, Lehen, Fideikommiß oder Stammgut oder in ein sonstiges gebundenes Vermögen;[4])

3. der Erwerb durch Schenkung auf den Todesfall (§ 2301 des Bürgerlichen Gesetzbuchs) sowie jeder andere Erwerb, auf den die für Vermächtnisse geltenden Vorschriften des bürgerlichen Rechtes Anwendung finden; [5])
4. der Erwerb von Vermögensvorteilen, der auf Grund eines vom Erblasser geschlossenen Vertrags unter Lebenden von einem Dritten mit dem Tode des Erblassers unmittelbar gemacht wird.[6])

(2) Als vom Erblasser zugewendet gilt auch

1. der Übergang von Vermögen auf eine vom Erblasser angeordnete Stiftung; [7])
2. was jemand infolge Vollziehung einer vom Erblasser angeordneten Auflage oder infolge Erfüllung einer vom Erblasser gesetzten Bedingung erwirbt, es sei denn, daß eine einheitliche Zweckzuwendung[8]) vorliegt;
3. was jemand dadurch erlangt, daß bei Genehmigung einer Zuwendung des Erblassers Leistungen an andere Personen angeordnet oder zur Erlangung der Genehmigung freiwillig übernommen werden; [9])
4. was als Abfindung für einen Verzicht auf den entstandenen Pflichtteilsanspruch oder für die Ausschlagung einer Erbschaft oder eines Vermächtnisses von dritter Seite gewährt wird;
5. was als Entgelt für die Übertragung der Anwartschaft eines Nacherben gewährt wird.[10])

(3) Das Erlöschen von Leibrenten und anderen von dem Leben einer Person abhängigen Lasten gilt nicht als Erwerb von Todes wegen.[11])

1. Zum Begriff des „Erwerbs“ s. § 1 Anm. 1 Abs. 1 a. E.; bei den Fällen des § 2 Abs. 1 Nr. 1 und 3, Abs. 2 Nr. 2 sind Bereicherung des Erwerbers und Bereicherungswille des Erbl. nicht Tatbestandsmerkmale des Rechtsvorgangs, dagegen sind sie es bei § 2 Abs. 1 Nr. 4 (RFH. 21. Mai 1931 — I D 1/30 — Bd. **29**). Erbanfall ist grundsätzlich nach § 1942 BGB. der Übergang der Erbschaft auf den berufenen Erben, unbeschadet seines Rechts, sie auszuschlagen; gleichgültig ist für die Besteuerung, ob für den Erwerb deutsches bürgerliches Recht, Landesrecht oder ausländisches Recht maßgebend ist (RFH. 31. Mai 1922 — VI A 79/21 —, StW. **1** 745; RFH. 8. Okt. 1929 — Ve A 62/28 —, StW. **8** 996; vergl. auch RFH. 25. Okt. 1922/10. Jan. 1923 — VI A 199/22 —, StW. **2** 254 und 309).

Steuerliche Auswirkung der Testamentsauslegung kann diese Auslegung nicht beeinflussen; daß Erwerber nicht in den tatsächlichen Genuß des Anfalls kommt, berührt Steuerpflicht nicht (RFH. 10. Febr. 1931 — Ie A 300/30 —, RStBl. 295). — Ausschlagung eines Erbanfalls zugunsten bestimmter Person, die sonst nicht Alleinerbe werden würde, ist steuerlich Erbanfall an den Ausschlagenden und Schenkung von diesem an den Begünstigten (RFH. 5. Juli 1929 — Ve A 900/28 —, StW. **8** 940). — Ein nach Güterrecht mit erbrechtlicher Wirkung (Art. 200 EGBGB.) eintretender Nießbrauch ist Erbanfall (z. B. Statutarische Portion nach märkischer Ehe: RFH. 3. Mai 1922 — VI A 99/22 —, StW. **1** 746; nach Mainzer Landrecht: RFH. 31. Mai 1922 — VI A 79/21 —, StW. **1** 745). — Erbanfall liegt grundsätzlich insoweit nicht vor, als auf Grund Gesellschaftsvertrags den überlebenden Gesellschaftern der Anteil des Erbl. am Gesellschaftsvermögen bis auf sein Kapitalguthaben zuwächst (RFH. **24** 142; RFH. 16. Nov. 1928 — Ve A 187/28 —, StW. **8** 248; RFH. 22. Febr. 1929 — Ve A 696/28 —, StW. **8** 534; RFH. 25. April 1930 — Ie A 889/28 —, StW. **9** 618; RFH. 15. Juli 1930 — Ie A 847/29 —, StW. **10** 31). — Beerbung eines Treuhänders durch den Treugeber: RFH. 8. April 1930 — Ie A 51/30 —, StW. **9** 617. — Berechnung des Erbteils bei Vorliegen einer Teilungsanordnung des Erbl., bei Ausgleich von Zuwendungen und Beteiligung des Erbl. an ehelicher Gütergemeinschaft: RFH. 21. Mai 1931 — I D 1/30 — Bd. **29**.

2. Absicht der Bereicherung n i c h t Erfordernis des Vermächtnisses (RFH. 29. März 1922 — VI A 49/22 —, StW. **1** 646 und oben Einleitung zu Anm. 1). — Vermächtnis eines Kaufrechts s. § 23 Anm. 1.

3. Geltendmachung = ernstliches Verlangen nach Auszahlung (RFH. **15** 52), Bekundung positiven Willensentschlusses, nicht bloßes Nichtverzichtleisten (RFH. **25** 121). Pflichtteilsanspruch ist kein Wert-, sondern ein aufwertbarer Geldanspruch; nachträgliche Aufwertung rechtskräftig veranlagten Pfl. begründet nicht Neuveranlagung (RFH. 29. Jan. 1931 — Ie A 406/30 —, StW. **10** 352). Berechnung des Pflichtteils: RFH. 21. Mai 1931 — I D 1/30 — Bd. **29**. Vergleich über den Pflichtteil: RFH. **16** 95.

4. s. hierzu §§ 6, 9 Abs. 2.

5. z. B. Voraus (§ 1932 BGB.). — s. auch oben Einleitung zu Anm. 1.

6. z. B. Erwerb auf Grund Lebensversicherungsvertrags des Erbl., auf Grund Abrede in Dienstvertrag über Witwenversorgung und dergl. Tatbestandsmerkmale der Vorschrift sind Bereicherung des Erwerbers und Bereicherungswille des Erbl., daher Prüfung erforderlich, ob Erwerber nach allgemeinen, nicht steuerlichen Bewertungsmaßstäben bereichert ist (RFH. 21. Mai 1931 — I D 1/30 — Bd. **29**). — Lebensversicherung des Erbl. zugunsten der mit ihm in Gütergemeinschaft lebenden Ehefrau gehört nicht zum Gesamtgut, sondern ist deren Erwerb nach § 2 Abs. 1 Nr. 4 (RFH. 19. Sept.

1923 — VIA 55/23 —, StW. 2 918). — Bei Lebensversicherung eines Betriebs zugunsten der Angehörigen von Angestellten gilt der Anfall der Versicherungssumme als Zuw. von letzterem (RFH. 24 18) — Vorschrift nicht anwendbar bei gegenseitiger Versicherung zweier Geschäftsinhaber zugunsten des überlebenden; u. U. aber Schenkung unter Lebenden vorliegend (RFH. 17. Okt. 1923 — VIA 70/23 —, StW. 2 919). Auch nicht anwendbar, wenn die Versicherung zwar vom Erbl. abgeschlossen, aber die Prämien von dem „Dritten" bezahlt wurden; bei ernstlicher Vereinbarung anteiliger Prämienzahlung ist nur ein den Leistungen des Erbl. entsprechender Teil der Versicherungssumme Erwerb im Sinne der Vorschrift (RFH. 26. März 1931 — Ie A 307/30 —, RStBl. 359). — Was ein Dritter auf Grund Vertrags zu seinen Gunsten unmittelbar erwirbt, bleibt sein Erwerb solange, als er ihn nicht rechtswirksam (d. h. vor Annahme) zurückweist (RFH. 3. Febr. 1931 — Ie A 201/30 —, RStBl. 535).

7. Bezüge aus einer Stiftung, auch einer Familienstiftung, sind frei.

8. s. § 4. Zu § 2 Abs. 2 Nr. 2 allgemein s. oben Einleitung zu Anm. 1.

9. Das aus solcher Leistung „Erlangte" gilt in jeder Hinsicht als Erwerb von Todes wegen; Anwendung von § 18 Abs. 1 Nr. 14 kommt daher z. B. nicht in Frage (RFH. 28. Okt. 1927 — Ve A 240/27 —, Jb. 8 211).

10. Die Zwischenvererbung der Anwartschaft ist nicht steuerpflichtig; § 23 Abs. 3; vergl. auch § 7 Abs. 2.

11. d. h. des bisher Belasteten von seiten des weggefallenen Berechtigten. Nicht berührt wird Anwendung des § 145 Abs. 3 AO. a. F. (jetzt: § 18 Abs. 3 RBewG. n. F.), wonach eine Berichtigung der Steuerfestsetzung nach dem Testator, der die Rente oder Last angeordnet hatte, vorzunehmen ist (RFH. 27 137).

§ 3.

(1) Als Schenkung im Sinne des Gesetzes gilt

1. jede Schenkung im Sinne des bürgerlichen Rechtes;
2. jede andere freigebige Zuwendung unter Lebenden,[1] soweit der Bedachte durch sie auf Kosten des Zuwendenden bereichert wird;[2]
3. was infolge Vollziehung einer von dem Schenker angeordneten Auflage oder infolge Erfüllung einer einem Rechtsgeschäft unter Lebenden beigefügten Bedingung ohne entsprechende Gegenleistung erlangt wird,[3] es sei denn, daß eine einheitliche Zweckzuwendung[4] vorliegt;

4. was jemand dadurch erlangt, daß bei Genehmigung einer Schenkung Leistungen an andere Personen angeordnet oder zur Erlangung der Genehmigung freiwillig übernommen werden;
5. was als Abfindung für einen Erbverzicht (§§ 2346, 2352 des Bürgerlichen Gesetzbuchs) gewährt wird;
6. was ein Vorerbe dem Nacherben mit Rücksicht auf die angeordnete Nacherbschaft vor ihrem Eintritt herausgibt;[5])
7. der Übergang von Vermögen auf Grund eines Stiftungsgeschäfts unter Lebenden;[6])[7])
8. eine freigebige Zuwendung bei Auflösung eines Fideikommisses oder anderweitiger Aufhebung der Bindung von Vermögen;[7])[8])
9. was bei Aufhebung einer Stiftung erworben wird.[7])

(2) Im Falle des Abs. 1 Nr. 6 ist der Versteuerung auf Antrag das Verhältnis des Nacherben zum Erblasser zugrunde zu legen.[9])

(3) Gegenleistungen, die nicht in Geld veranschlagt werden können,[10]) werden bei der Feststellung, ob eine Bereicherung vorliegt, nicht berücksichtigt.

(4) Die Steuerpflicht einer Schenkung wird nicht dadurch ausgeschlossen, daß sie zur Belohnung[11]) oder unter einer Auflage[12]) gemacht oder in die Form eines lästigen Vertrags gekleidet[13]) wird.

(5) Ausstattungen,[14]) die Abkömmlingen zur Einrichtung eines den Vermögensverhältnissen und der Lebensstellung der Beteiligten angemessenen[15]) Haushalts gewährt werden, gelten nicht als Schenkung, sofern zur Zeit der Zuwendung ein Anlaß zur Ausstattung gegeben ist und der Zweck der Zuwendung innerhalb zweier Jahre erfüllt wird. Ausstattungen, die über das angegebene Maß hinausgehen, sind insoweit steuerpflichtig.

1. Steuerpflichtig ist der „Erwerb" durch Schenkung usw.; dessen Begriff s. § 1 Anm. 1 Abs. 1 a. E. Die freigebige Zuwendung ist der weitere Begriff, unter den auch die in Nr. 1 genannte Schenkung des bürgerlichen Rechts fällt, nur daß die letztere den Schenkungswillen (Empfangswillen) des Bereicherten voraussetzt. Besteuert wird die Bereicherung durch freigebige Zuwendung unter Lebenden. Freigebig = freiwillig und unentgeltlich. Zuwendung = jede erlaubte Handlung, durch die jemand einem anderen absichtlich einen Vermögensvorteil verschafft. Freigeb. Zuw. setzt also voraus:

1. objektiv eine tatsächliche Bereicherung des Bedachten auf Kosten des Zuwendenden, 2. subjektiv den Willen des Zuwendenden zur unentgeltlichen Bereicherung (RFH. **9** 9, **12** 59, **15** 78, **18** 294, **19** 10, **20** 98). Bereicherung des Erwerbers und Bereicherungswille des Zuwendenden sind also Tatbestandsmerkmale, deren Vorliegen nach anderen als steuerlichen Bewertungsmaßstäben, d. h. denen des bürgerlichen Rechts zu prüfen ist (RFH. 21. Mai 1931 — ID 1/30 — Bd. **29**). — Wegen u n erlaubter Handlungen s. RFH. **3** 173. — Da es nach § 14 Abs. 1 Nr. 2 für die Steuerpflicht auf die Ausführung der Schenkung, nicht auf den Abschluß des obligatorischen Schenkungsvertrags ankommt, beseitigt Aufhebung dieses Vertrags oder seine Nichtigkeit (wegen Unsittlichkeit, infolge Anfechtung wegen Irrtums usw.) die Steuerpflicht mindestens solange nicht, als die Wirkung des Vertrags nicht rückgängig gemacht, also das Zugewendete zurückgegeben ist (RFH. 12. Juli 1922 — VI A 149/22 —, StW. **1** 968; RFH. **8** 140, **10** 241; RFH. 31. Jan. 1923 — VI A 2/23 —, StW. **2** 401; RFH. **12** 229, **13** 26; RFH. 26. Sept. 1923 — VI A 65/23 —, StW. **2** 887, 921; RFH. 23. März 1926 — Ve A 77/26 —, StW. **5** 320). — Zuw., die nur einer sittlichen Pflicht oder dem Anstand entsprechen, sind im Rechtssinne Schenkungen (RGZ. 30. Sept. 1929 — 800/28 IV —, JW. **58** 3496[6]) und grundsätzlich steuerpflichtig.

2. Keine Bereicherungsabsicht (RFH. 12. Juli 1922 — VI A 149/22 —, StW. **1** 966), keine Einigung über Unentgeltlichkeit erforderlich. Bereicherung muß eine endgültige, materielle und nicht bloß formelle sein; daher formell freigebige, materiell aber fiduziarische Eigentumsübertragung an Treuhänder keine Schenkung (RFH. **6** 62), Übertragung von einem Treuhänder an einen anderen keine Schenkung (RFH. 22. April 1921 — Ia A 19/20 —, StW. **1** 188) und Übereignung über Treuhänder keine Schenkung von diesem, sondern vom Treugeber (RFH. **1** 197). — Daß Schenker im Endziel eigene Vermögensvermehrung anstrebt, steht Annahme einer Schenkung nicht entgegen (RFH. 12. Juli 1922 — VI A 149/22 —, StW. **1** 966 968); Beweggründe sind für die Frage, ob freigeb. Zuw. vorliegt, unerheblich (RFH. 23. März 1926 — Ve A 77/26 —, StW. **5** 320). — Erfüllung gesetzlicher oder vertraglicher Verpflichtung, satzungsgemäße Verteilung von Stiftungserträgnissen und dergl. entbehrt der Freigebigkeit (RFH. 8. März 1922 — VI A 49/21 —, StW. **1** 640; RFH. 18. Okt. 1922 — VI A 205/22 —, StW. **1** 1104; RFH. 18. Jan. 1923 — VI A 224/22 —, StW. **2** 401), doch ist Erfüllung einer Rechtsverbindlichkeit steuerpflichtig, wenn diese auf Schenkungsversprechen im steuerrechtlichen Sinne beruht (RFH. **9** 5, **21** 304; RFH. 14. Mai 1929 — Ve A 546/28 —, Jb. **10** 289). — Erfüllung „natürlicher" Verbindlichkeit nur dann keine Schenkung, wenn es sich um durch Zwangsvergleich, Verjährung u. dergl. der Klagbarkeit entkleideter Schuld handelt (RFH. 9. Juni 1921 — Ia A 59/21 —, StW. **1** 198). Erfüllung verjährter Forderung oder verjährten Pflichtteilsanspruchs keine Schenkung

(RFH. 21. Juni 1922 — VI A 101/22 —, Jb. **3** 275). — Erfüllung eines ungültigen Schenkungsversprechens eines Erbl. durch Erben Schenkung von diesem (RFH. 29. März 1922 — VI A 136/21 —, StW. **1** 654). — Bei Prüfung der Unentgeltlichkeit sind alle (nicht bloß die beurkundeten) Gegenleistungen in Betracht zu ziehen; Mißverhältnis zwischen Leistung und Gegenleistung rechtfertigt nicht ohne weiteres Annahme eines sogenannten gemischten Geschäfts (RFH. **7** 192), nur wenn das Mißverhältnis dem Zuwendenden bewußt gewesen ist (RFH. 19. Dez. 1925 — Ve A 308/25 —, StW. **5** 66; RFH. 19. Dez. 1925 — Ve A 265/25 —, StW. **5** 503; RFH. **20** 98; RFH. 7. Dez. 1928 — Ve A 791/28 —, StW. **8** 813). Zum Begriff der gemischten Schenkung s. auch: RFH. 27. Mai 1925 — Ve A 85/25 —, StW. **4** 614; RFH. 23. März 1926 — Ve A 211/25 —, RStBl. 184; RFH. **16** 22, **18** 294). Bei Abwägung des objektiven Werts von Leistung und Gegenleistung ist die subjektive Wertschätzung des Leistenden maßgebend (RFH. 31. Jan. 1923 — VI A 7/23 —, StW. **2** 405). Bei Beurteilung der Frage, ob objektiv eine Schenkung und subjektiv die Absicht einer Vermögensvorteilsverschaffung vorliegt, ist nicht von der steuerrechtlichen Bewertung, sondern von allgemeinen, bürgerlich-rechtlichen Bewertungsmaßstäben auszugehen (RFH. 27. April 1922 — VI A 250/21 —, StW. **1** 701 und die ebengen. Urteile). Das Ergebnis der Prüfung, ob und wie hoch Schenkung nach bürgerlich-rechtlichen und nach steuerrechtlichen Grundsätzen vorliegt (RFH. **18** 294), kann durchaus verschieden sein (RFH. 4. Jan. 1927 — Ve A 478/26 —, StW. **6** 72). Ergibt die Prüfung nach bürgerlich-rechtlichen Grundsätzen keine Bereicherung, dann entfällt, da ein Tatbestandsmerkmal der Schenkung fehlt, jede Besteuerungsmöglichkeit nach § 3 Abs. 1 Nr. 1, 2. — Überweisung eines Teils der Gegenleistung bei Gutsüberlassung an Geschwister des Übernehmers spricht für die Absicht des Überlassers, auch dem Gutsübernehmer einen Vermögensvorteil zu verschaffen (RFH. **20** 98; RFH. 23. April 1926 — Ve A 229/26 —, Jb. **7** 213; RFH. 18. Juni 1929 — Ve A 249/29 —, StW. **8** 641); Vorwegnahme des Erbgangs ist regelmäßig freigeb. Zuw. (RFH. 23. März 1926 — Ve A 77/26 —, StW. **5** 320; s. auch RFH. 24. Febr. 1931 — Ie A 15/31 —, RStBl. 296). — Erbausschlagung zugunsten eines bestimmten anderen kann Schenkung sein (RFH. 16. Jan. 1925 — Ve A 41/24 —, Jb. **5** 115; RFH. 5. Juli 1929 — Ve A 900/28 —, StW. **8** 940). — Vereinbarung ehelicher Gütergemeinschaft regelmäßig dann keine Schenkung, wenn sie zur Zeit der Eheschließung erfolgt; wenn sie dagegen erst mit Rücksicht auf die beim Ableben eines Ehegatten entstehenden Verhältnisse erfolgt, können nur besondere Umstände die Annahme einer Schenkung ausschließen (RFH. **9** 9). — Auseinandersetzung über Gesamtgut fortgesetzter Gütergemeinschaft kann nur hinsichtlich des Überschusses über den gesetzlichen Anteil des Erwerbers Schenkung sein (RFH. 25. Okt. 1922 — VI A 29/22 —, StW. **2** 78; vergl. auch RFH. 23. Sept. 1930 — Ie A

280/30 —, RStBl. 817). — Zu billige Überlassung von Aktien durch AktGes. an Aktionär als Schenkung: RFH. 16. März 1922 — VI A 32/22 —, StW. **1** 556. Unentgeltliche Zuw. bei oder nach Gründung einer AktGes. oder GmbH.: RFH. **11** 112. Aufnahme als Gesellschafter in off. HGes. oder KommGes. ohne entsprechendes Einbringen: RFH. **12** 57; RFH. 18. Jan. 1923 — VI A 223/22 —, StW. **2** 280, 400. Einräumung stiller Beteiligung an Angestellte: RFH. 11. Jan. 1929 — Ve A 749/28 —, StW. **8** 535. Schenkweise Überlassung der Vermögenseinlage als stiller Gesellschafter und gleichzeitige Einräumung unangemessen hoher Gewinnbeteiligung ist nur eine Schenkung; Bewertung nach § 143 Abs. 1 AO. a. F. (jetzt RBewG. § 16 Abs. 1 n. F.): RFH. 2. Dez. 1930/26. März 1931 — Ie A 106/30 —, RStBl. **31** 357. — Bei Schenkung im Namen einer off. HGes. sind Schenker, bei Schenkung an off. HGes. sind Beschenkte die einzelnen Gesellschafter (RFH. **23** 282). — Zuw. eines Gesellschafters zur Sanierung der Ges. keine Schenkung (RFH. **22** 302). — Ist durch Gesellschaftsvertrag für den Fall des Todes eines Gesellschafters vereinbart, daß zum Nachlaß des Verstorbenen nur sein Kapitalkonto gehört, so ist der Zuwachs des Gesellschaftsanteils des Erbl. an die Mitgesellschafter kein Erbfall und in der Regel keine Schenkung (RFH. **24** 142; RFH. 16. Nov. 1928 — Ve A 187/28 —, StW. **8** 248; RFH. 22. Febr. 1929 — Ve A 696/28 —, StW. **8** 534). — Rückdatierung eines Gesellschaftsvertrags: RFH. 27. April 1928 — Ve A 86/28 —, StW. **7** 590. — Voraussetzungen für Annahme freigeb. Zuw. bei Bemessung von Kommandit- usw. Beteiligungen in der Goldmarkbilanz, bei Aufwertung von Obligationen, stillen Beteiligungen, Darlehen u. dergl.: RFH. **15** 72, **16** 144, **19** 10, **19** 336; RFH. 26. Nov. 1926 — Ve A 710/26 —, StW. **5** 621; RFH. 10. Jan. 1927 — Ve A 485/26 —, StW. **6** 158; RFH. 11. Juli 1927 — Ve A 25/27 —, StW. **6** 599; RFH. **23** 282. Verzicht auf Aufwertung als Schenkung: RFH. 5. Febr. 1926 — Ve A 342/25 —, StW. **5** 502. Aufwertung früherer Schenkung als neue Schenkung: RFH. 26. Jan. 1926 — Ve A 337/25 —, RStBl. 126; RFH. 20. Mai 1926 — Ve A 203/26 —, Jb. **7** 213; RFH. 14. Mai 1929 — Ve A 546/28 —, Jb. **10** 289. — Beiträge an Vereine, die nicht lediglich die Förderung ihrer Mitglieder bezwecken, grundsätzlich freigeb. Zuw. (Zweckzuw.; § 4 zu b): RFH. 31. Jan. 1923 — VI A 6/23 —, StW. **2** 406. — Die Absicht der Belohnung für Dienste ist für die Frage, ob objektiv eine Bereicherung vorliegt, ohne Belang; von Bedeutung nur bei Beurteilung des subjektiven Willens des Hingebenden (RFH. 18. Juni 1929 — Ve A 249/29 —, StW. **8** 641). — Zuw. an Kinder für Dienste sind mit Rücksicht auf § 1617 BGB. ohne Vorliegen besonderer Umstände nicht als vertragliche Entschädigung für Dienste im Haushalt oder Betriebe der Eltern anzusehen (RFH. **12** 320, Einschränkung zu RFH. **12** 55). — Vorliegen einer sittlichen oder Anstandspflicht ohne Einfluß auf die Steuerpflicht (RFH. 29. Jan. 1926 — Ve A 65/26 —, StW. **5** 501). —

Zuw. aus einem Liebesverhältnis: RFH. 10. April 1929 — Ve A 804/28 —, JW. **59** 355. — Zinszahlungen auf erst versprochenes Kapital als selbständige Schenkungen: RFH. **9** 31. — Die sog. Rückschenkung ist (abgesehen von § 18 Abs. 1 Nr. 12) wie gewöhnliche Schenkung zu behandeln (RFH. **28** 105). — Möglichkeit der Anrechnung von Grunderwerbsteuer auf SchenkSt. bei gemischten Grundstücksübertragungen: RFH. **16** 25; RFH. 8. Nov. 1929 — Ve A 298/29 —, StW. **8** 968 u. **9** 126; RFH. 18. Febr. 1930 — Ie A 820/29 —, StW. **9** 441; RFH. 7. März 1930 — Ie A 849/29 —, StW. **9** 807; RFH. 26. April 1930 — Ie A 127/30 —, RStBl. 365.

3. Eintritt der Steuerpflicht also erst nach Erfüllung der Auflage oder Bedingung (RFH. **24** 25); doch genügt formgerechte Bewilligung einer Hypothek (als Sicherung für den Gegenstand der Auflage oder Bedingung) zur Erfüllung (RFH. **24** 356). Fall einer Auflage: Grundstücksüberlassung von A an B mit der Auflage, bei Weiterveräußerung des Grundstücks Mehrerlös mit C zu teilen (RFH. 19. April 1929 — Ve A 852/28 —, StW. **8** 642).

4. s. § 4.

5. Zu versteuern ist der Substanzwert des Herausgegebenen.

6. Errichtung von Stiftungen durch Fideikommisauflösungsbehörde nicht steuerpflichtig (RFH. **6** 292). Wesentliche Änderung der Satzung bestehender Familienstiftung kann Neugründung oder Schenkung sein (RFH. 18. Okt. 1922 — VI A 205/22 —, StW. **1** 1104; RFH. 15. Nov. 1922 — VI A 135/21 —, StW. **2** 155, 305). Sog. Zustiftungen sind gewöhnliche Schenkungen (RFH. 12. Mai 1931 — Ie A 164/30 —, RStBl. 539).

7. s. hierzu auch § 9 Abs. 2.

8. Abfindung eines Anwärters bei Fideikommisauflösung nur insoweit steuerpflichtig, als er aus Freigebigkeit mehr erhält, als ihm beim Fortbestehen des Fid. voraussichtlich zugefallen wäre (RFH. **6** 303, **21** 194). Wer das Fid. bei Auflösung als freies Vermögen erhält, wird nach § 6 behandelt (s. dort. Anm.).

9. Vergl. § 7 Abs. 2 Satz 2.

10. z. B. Eheschließung (RFH. **9** 5).

11. Vorausgesetzt ist natürlich, daß es sich um eine Schenkung (§ 3 Abs. 1) handelt; Entlohnung, nachträgliche Bewilligung oder Erhöhung eines Entgelts für geleistete Dienste, also Anspruchserfüllung, ist keine Schenkung (RFH. 18. Nov. 1921 — Ia A 90/21 —, Jb. **3** 280; RFH. 30. Jan. 1925 — II A 1082/24 —, StW. **4** 240). Bei Zuw. von Eltern zur Abgeltung von Diensten der Kinder spricht gegen die Entgeltlichkeit in der Regel die Verpflichtung der Kinder zu unentgeltlichen Diensten nach § 1617 BGB. (RFH. **12** 320).

12. s. hierzu § 23 Abs. 8.

13. Liegt der äußere Tatbestand eines gegenseitig verpflichtenden Vertrags vor, so ist beweispflichtig für das Vorliegen einer Schenkung die Steuerbehörde (RFH. **7** 192; RFH. 27. Mai 1925 — Ve A 85/25 —, StW. **4** 614); unwiderlegbarer Beweis nicht erforderlich, es gilt Grundsatz der freien Beweiswürdigung (§ 6 AO. a. F., § 11 AO. n. F.), event. Schätzung, was nach Wahrscheinlichkeitserwägungen als richtig erscheint (RFH. 24. Febr. 1931 — Ie A 200/30 —, RStBl. 283; vergl. auch RFH. **22** 348 wegen Schätzung zweifelhafter Verhältnisse). — Gegenleistungsabreden wie: Anrechnung auf den Pflichtteil, Verzicht auf Erbteil, sind nicht zu berücksichtigen (RFH. 18. Jan. 1922 — Ia A 202/21 —, StW. **1** 455); Verpflichtung zu späterem Ausgleich bleibt als aufschiebend bedingt, unberücksichtigt (RFH. 23. März 1926 — Ve A 77/26 —, StW. **5** 320). — Verpflichtung einer Stiftung, eine ihr gemachte Zuw. satzungsgemäß zu verwenden, ist keine auf der Zuw. ruhende Last oder Auflage und mindert die Bereicherung nicht (RFH. 12. Mai 1931 — Ie A 164/30 —, RStBl. 539). — Wegen der sog. gemischten Verträge und über Unentgeltlichkeit s. auch oben bei Anm. 2 und 11.

14. Ausstattung ist, auch wenn unter den Voraussetzungen des § 1624 BGB. gegeben, grundsätzlich freigeb. Zuw. (RFH. **6** 183, **6** 347; **21** 304, **25** 3; RFH. 22. Febr. 1929 — Ve A 529/28 —, RStBl. 204). Sie ist nur steuerfrei, soweit sie den Erfordernissen des § 3 Abs. 5 entspricht. Vergl. auch RFH. **9** 222, **26** 298; RFH. 8. April 1930 — Ie A 846/29 —, StW. **9** 523, Zur Ausstattung im Sinne der Steuerbefreiung gehören nur bewegliche Gegenstände, die zur Aussteuer nach § 1620 BGB. gehören würden (RFH. **26** 297). Der steuerbegünstigte Zweck ist aber nicht schon dann erfüllt, wenn einzelne Möbel- oder Wäschestücke angeschafft wurden; Haushalt muß vollständig angeschafft und eingerichtet sein (RFH. 20. Mai 1930 — Ie A 191/30 —, StW. **9** 620). Auch Hingabe von Geld, Wertpapieren usw. zur Beschaffung einer Ausstattung gilt, wenn im übrigen die Voraussetzungen der Vorschrift gegeben, als A. Es muß ein äußerer objektiver Anlaß zur A. vorliegen. Als zur Haushaltseinrichtung gegeben gilt u. U. auch Betrag zur Erweiterung und Erhaltung des Haushalts in bestimmten Grenzen (RFH. **9** 222); nicht ein Betrag zur Begründung einer Lebensstellung, zum Gutsankauf, als Zuschuß zu laufenden Haushaltskosten, zur Herrichtung der Wohnung u. dergl.; nicht die Zuw. eines Grundstücks zur Weiterbewirtschaftung, um die Lebensführung der Beteiligten sicherzustellen (RFH. **5** 197, **7** 30; RFH. 23. Febr. 1922 — VI A 6/22 —, StW. **1** 656; RFH. 13. Dez. 1922 — VI A 235/22 —, StW. **2** 306; RFH. **16** 236, **25** 3, **26** 297). — Aussteuer an Tochter nach § 1620 BGB. ist, da Rechtspflicht vorliegt, niemals freigeb. Zuw. (RFH. **9** 222; **26** 297); daher ist bei Zuw. an Tochter stets zu prüfen, inwieweit lediglich Aussteuerverpflichtung erfüllt wird; Anspruch der Tochter entsteht erst bei Verheiratung, daher letztwillige Aussetzung künftiger „Aussteuer" reines Vermächtnis (§ 2 Abs. 1 Nr. 1). Erfüllung entstandener Aussteuerpflicht auch durch Eintragung einer Grundschuld oder durch Grundstücksübertragung möglich (RFH. 8. April 1930 — Ie A 801/29 —, RStBl. 382). Unterhaltszulagen an verheiratetes Kind: RFH. 2. Juli 1926 — Ve A 52/26 —, StW. 5 550; RFH. 17. April 1928 — Ve A 757/27 —, StW. 7 600. — Bei Zuw. an Schwiegersohn spricht Vermutung für Zuw. an die verheiratete Tochter (RFH. 4 125).

15. Angemessen ist, was unter Zugrundelegung der verständigen Anschauung aller gerecht und billig Denkenden, nicht bloß der Standesgenossen der Beteiligten, als zur Lebensführung in dem Bevölkerungskreise, dem der Empfänger angehört, unter den herrschenden allgemeinen wirtschaftlichen Zeitverhältnissen als ausreichend gelten muß (RFH. 8 60; RFH. 17. April 1928 — Ve A 757/27 —, StW. 7 600; RFH. 8. April 1930; — Ie A 846/29 —, StW. 9 523.

§ 4.

Als Zweckzuwendung [1]) gilt

1. bei einer Zuwendung von Todes wegen
   a) eine der Zuwendung beigefügte Auflage zugunsten eines Zweckes,[2])
   b) eine Leistung zugunsten eines Zweckes, von der die Zuwendung abhängig gemacht ist,[3])

   soweit die Bereicherung des Erwerbers durch die Anordnung gemindert wird;
2. bei einer freigebigen Zuwendung unter Lebenden
   a) eine der Zuwendung beigefügte Auflage zugunsten eines Zweckes [2]) oder eine Leistung zugunsten eines Zweckes, von der die Zuwendung oder ein gegenseitiger Vertrag abhängig gemacht ist,
   b) eine in einem entgeltlichen Vertrage vereinbarte Leistung zugunsten eines Zweckes,[4]) sofern das Entgelt nicht der Umsatzsteuer unterliegt.[5])

1. Der verselbständigt gedachte Zweck wird als bedacht angesehen. Derjenige, der den Willen des Zuwendenden im Rahmen des Zwecks zur Ausführung bringt, der „Beschwerte", ist Steuerschuldner (§ 15 Abs. 1). Eigentlicher Empfänger der Bereicherung ist der, dem der Beschwerte in

Erfüllung des Zwecks Substanz oder Erträgnisse des Gegenstands der Zuw. zuteilt; er scheidet für die Versteuerung aus. Steuerrechtlich wird wegen des vorwiegenden Charakters des Zwecks dieser als verselbständigt gedacht; nach ihm richtet sich der Steuersatz (§ 9 Abs. 1 V) oder die Anwendung der Befreiungsvorschriften, die für gewisse Zweckzuwendungen eine privilegierte Behandlung vorsehen (vergl. z. B. § 18 Nr. 19 b). Als Erwerb gilt nach § 23 Abs. 1 „die Verpflichtung des Beschwerten". Ein solcher ist als Mittelsperson unentbehrlich. Da nach bürgerlichem Recht formell niemand ohne Erben verstirbt, so wird der Erbe bei Zweckzuwendungen von Todes wegen die Rolle als Mittelsperson zur Ausführung des vom Erbl. gesetzten Zwecks übernehmen, sofern nicht ein Ausführender besonders bestimmt ist. Der Zweck wird meist in der bürgerlich-rechtlichen Form der Auflage angeordnet.

Zuwendung (Anm. 1 zu § 3) ist Voraussetzung, nicht bloße Absonderung eines Vermögensteils, über den der Hingebende unmittelbar oder mittelbar Verfügung behält; zivilrechtlich gültige Vermögensübertragung nicht nötig, Einräumung von Rechten zur Erfüllung des Zwecks und Übergabe des Gegenstands der Zuw. an Beschwerten genügt, „unselbständige Stiftung" (RFH. 12. Mai 1923 — VI A 19 u. 43/23 —, StW. **2** 657/58; RFH. **7** 177, **10** 240, **16** 67). Gegenüber bloßer Geschäftsbesorgung durch Mittelsperson erfordert Zweckzuw. regelmäßig längere Verwaltungstätigkeit (RFH. **11** 257). — Keine Zweckzuw., wenn die Zweckbestimmung für ein Vermögen bereits bestand und nur die Verwaltung in andere Hände übergeht (RFH. **11** 201; auch RFH. 31. Jan. 1923 — VI A 2/23 —, StW. **2** 401); auch nicht, wenn Gesellschaft zu Ehren ihres Direktors in ihren Büchern ein besonderes Konto einrichtet, für das der Direktor lediglich den Verwendungszweck zu bestimmen hat (RFH. 24. Okt. 1923 — VI A 66/23 —, StW. **3** 25). — Zuw. an juristische Person zugunsten nur eines Teils der von ihr verfolgten Zwecke ist steuerrechtlich als Zweckzuw., nicht als Zuw. an die Rechtsperson zu behandeln (RFH. **1** 20). — Zuw. an nichtrechtsfähigen Verein ist Zweckzuw. = Auflage an die Mitglieder, den Betrag zu gedachtem Zweck zu verwenden (RFH. **1** 57 u. **7** 324); Vereinsbeiträge als Zweckzuw.: RFH. 31. Jan. 1923 — VI A 6/23 —, StW. **2** 406. Vergl. dazu § 19. — Stiftung von Preisen als Zweckzuw.: RFH. **12** 39 u. RFH. 21. Febr. 1923 — VI A 12/23 —, StW. **2** 551.

2. z. B. Zuw. an eine Stadt zur Verwendung für Arme. — Auflage der Verwendung der Zuw. für bestimmte Personen kann einheitliche Zweckzuw. sein, wenn mit der Zuw. längere Verwaltungstätigkeit verbunden (RFH. **11** 257).

3. z. B. Errichtung eines Aussichtsturms durch eine Stadtgemeinde, da N. für diesen Fall eine Zuw. (ohne Zweckbestimmung) gibt oder mit der Stadt einen Grundstückstausch vornimmt.

4. z. B. Vertrag des Zuwendenden N. mit Gebirgsverein B., wonach N. sich zur Zahlung von 20 000 RM., B. sich zur Ausbesserung eines Weges verpflichtet (RFH. 16. März 1922 — VI A 136/21 —, StW. **1** 648).

5. z. B. Zahlung von 20 000 RM. an einen Bauunternehmer mit dem Auftrag, einen Weg anzulegen; keine Zweckzuw., da die Ausführung reine Geschäftsbesorgung für den Auftraggeber und diese in der Regel umsatzsteuerpflichtig ist (vergl. auch RFH. 21. Febr. 1923 — VI A 12/23 —, StW. **2** 551).

§ 5.

(1) Im Falle der Fortsetzung der ehelichen Gütergemeinschaft (§§ 1483 ff., 1557 des Bürgerlichen Gesetzbuchs, Artikel 200 des Einführungsgesetzes zum Bürgerlichen Gesetzbuch) [1]) wird der Anteil des verstorbenen Ehegatten am Gesamtgut [2]) so behandelt, wie wenn er ausschließlich den anteilsberechtigten Abkömmlingen angefallen wäre.

(2) Im Falle des Todes eines anteilsberechtigten Abkömmlings gehört dessen Anteil am Gesamtgut zu seinem Nachlaß.[3]) Als Erwerber des Anteils gelten diejenigen, denen der Anteil nach § 1490 Satz 2, 3 des Bürgerlichen Gesetzbuchs zufällt.

1. Hinweis auf Art. 200 EGBGB. bedeutet, daß nicht nur dem Institut der fortgesetzten Gütergemeinschaft vollkommen gleiche landesrechtliche Verhältnisse dem § 5 unterliegen; Fortsetzung der ehelichen Gütergemeinschaft ist (§ 9 AO.) als Fortwirkung des ehelichen Güterrechts auszulegen. Güterrechtliche Rechtsfolgen sind den erbrechtlichen gleichzustellen, wenn sie diesen wirtschaftlich gleichstehen. Grundsätzliches dazu insbes. in RFH. **19** 112 u. **27** 47 (letzteres zur Württemb. Errungenschaftsgesellschaft); vergl. auch RFH. 20. Jan. 1928 — Ve A 398/27 —, StW. **7** 595; RFH. **23** 52; RFH. 22. Juli 1929 — Ve A 783/28 —, StW. **8** 995. — Steuerhaftung des überlebenden Ehegatten s. § 15 Abs. 2; dessen Verpflichtung zur Steuererklärung und zu Auskünften: RFH. **11** 62 u. RFH. 14. März 1928 — Ve A 571/27 —, Jb. **9** 242.

2. Zum Gesamtgut gehört nicht eine Lebensversicherung, die Erbl. zugunsten des überlebenden Ehegatten abgeschlossen hatte (RFH. 19. Sept. 1923 — VI A 55/23 —, StW. **2** 918). — Zuwendungen aus dem Gesamtgut fortg. Gg., Ausgleich bei Auseinandersetzung: RFH. 23. Sept. 1930 — Ie A 280/30 —, StW. **9** 1263; auch RFH. 10. Jan. 1928 — Ve A 577/27 —, StW. **7** 594.

3. Im Gegensatz zu § 1490 Satz 1 BGB. (RFH. **19** 112). Gleichgültig, wann die fortgesetzte Gütergemeinschaft eintrat, unter dem geltenden oder früheren ErbStRecht (RFH. 28. Juni 1929 — Ve A 818/28 —, RStBl. 515).

§ 6.

Der Erwerber auf Grund einer Nachfolge in ein Hausgut, Lehen, Fideikommiß oder Stammgut oder in ein sonstiges gebundenes Vermögen wird als Nießbraucher behandelt.[1])

1. s. hierzu § 2 Abs. 1 Nr. 2 und § 9 Abs. 2. — Bei allmählicher Auflösung eines Fid. auch der Inhaber, in dessen Hand das Vermögen frei wird (RFH. **6** 292, 309 u. RFH. 24. Juni 1930 — Ie A 41/30 —, RStBl. 591). Abfindung eines Anwärters bei Auflösung: RFH. **21** 194 und die letztgenannten Entscheidungen. Überläßt Inhaber eines 1919 gesetzlich aufgelösten bayrischen Fideikommisses Teile des früheren Fid.-Vermögens bisherigen Anwärtern ohne Gegenleistung, dann gewöhnliche freigeb. Zuw. der Substanz (RFH. **25** 312).

§ 7.

(1) Der Vorerbe gilt als Erbe.[1])

(2) **Beim Eintritt des Falles der Nacherbfolge haben diejenigen, auf die das Vermögen übergeht,[2]) den Erwerb als vom Vorerben stammend zu versteuern. Auf Antrag [3]) ist der Versteuerung das Verhältnis [4]) des Nacherben zum Erblasser zugrunde zu legen.[5])**

(3) **Tritt der Fall der Nacherbfolge nicht durch den Tod des Vorerben ein,[6]) so gilt die Vorerbfolge als auflösend bedingter, die Nacherbfolge als aufschiebend bedingter Anfall.[7]) In diesem Falle ist dem Nacherben die vom Vorerben entrichtete Steuer abzüglich desjenigen Steuerbetrags anzurechnen, welcher der tatsächlichen Bereicherung [8]) des Vorerben entspricht.**

(4) **Nachvermächtnisse und beim Tode des Beschwerten fällige Vermächtnisse stehen den Nacherbschaften gleich.**

(5) **Wenn bei einem bäuerlichen Anerbengute zunächst eine ungeteilte Erbengemeinschaft eintritt, so gilt als Erwerb für die einzelnen Erben der Erbanfall mit der Maßgabe, daß es so angesehen wird, als wenn die Erbauseinandersetzung zugleich mit diesem stattgefunden hätte.**

1. Der Vorerbe wird also als Erbl. betrachtet in seinem Verhältnis zum Nacherben. Die Erbfolge wird sonach zweimal voll versteuert, einmal beim Tode des ursprünglichen Erbl. (Testators) nach dem Verhältnis vom Vorerben zu jenem und nochmals beim Tode des Vorerben nach dem Verhältnis des Nacherben zu diesem; Ausnahme s. Abs. 3 (Anm. 6). Versteuerung des Nacherben nach dem Verhältnis zum Testator auf Antrag, s. Abs. 2 Satz 2 (Anm. 3 bis 5). Ob im Einzelfall Vorerbschaft oder Nießbrauch vorliegt, ist Tatfrage. Maßgebend ist in erster Linie der Wortlaut der letztwilligen Verfügung, im Zweifel der zu erforschende Wille des Erbl. Vorerbe kann jedenfalls nicht als Nießbraucher besteuert werden, wenn im Einzelfall seine Stellung wirtschaftlich mehr der eines solchen als eines „Erben" gleicht (RFH. 17. Febr. 1931 — Ie A 73/31 —, StW. **10** 325).

2. Zwischenvererbung der Anwartschaft bleibt unberücksichtigt (§ 23 Abs. 3); wegen Veräußerung der Anwartschaft s. § 2 Abs. 2 Nr. 5; der Erwerber ist hier der, auf den „das Vermögen übergeht". Vorzeitige Herausgabe der Vorerbschaft ist Schenkung (§ 3 Abs. 1 Nr. 6).

3. Der Antrag bedarf keiner Begründung; es ist ihm stets stattzugeben (s. aber Anm. 5). Zurücknahme nur mit Zustimmung des FA. zulässig, solange dieses nach §§ 92 ff. AO. n. F. berechtigt, seine Entscheidung mit Zustimmung des Steuerpflichtigen zu ändern (a. M. Mirre, S. 41 Anm. 3, der Antrag für unwiderruflich hält). Der Antrag bewirkt nicht, daß der Erwerb des Vorerben als nicht vorhanden angesehen und der Erwerb des Nacherben in jeder Beziehung als vom Erbl. (Testator) stammend behandelt wird; so bleiben für die persönliche Steuerpflicht nach § 8 die Verhältnisse beim Tode des Vorerben maßgebend (RFH. **24** 246).

4. = Verwandtschaftsverhältnis (RFH. **24** 246).

5. Ist der Nacherbe mit dem Vorerben in demselben Grade wie mit dem Testator verwandt und wird er zugleich Erbe des Vorerben, so ist Nacherbschaft und Erbschaft nach dem Vorerben als einheitlicher Erwerb zu versteuern (RFH. **24** 113).

6. z. B. bei Wiederverheiratung, Erreichung eines bestimmten Lebensalters.

7. Aber erst beim Eintritt der Nacherbfolge; vorerst ist nach Abs. 1 Vorerbe als Substanzerbe zu besteuern (Abs. 1) und Nacherbe unberücksichtigt zu lassen. Beim Eintritt der Nacherbfolge wird hier also nach dem ursprünglichen Erbl. neu versteuert.

8. Bei gewöhnlicher Vorerbschaft regelmäßig nach der wirklichen Dauer der Vorerbschaft kapitalisierter Nießbrauch, bei befreiter Vorerbschaft, Einsetzung des Nacherben auf den Überrest (§§ 2136, 2137 BGB.) auch etwaiger Substanzverbrauch.

2. Persönliche Steuerpflicht.

§ 8.

(1) Die Steuerpflicht tritt ein

I. für den gesamten Erbanfall,[1]) wenn der Erblasser zur Zeit seines Todes [2]) oder der Erwerber zur Zeit des Eintritts der Steuerpflicht [3]) ein Inländer ist.

Als Inländer gelten

1. Deutsche,[4]) es sei denn, daß sie sich seit länger als 2 Jahren dauernd im Ausland aufgehalten haben [5]), ohne einen Wohnsitz [6]) im Inlande zu haben. Diese Ausnahme findet keine Anwendung auf Reichs- oder Staatsbeamte und Militärpersonen, die im Ausland ihren dienstlichen Wohnsitz [6]) haben. Wahlkonsuln gelten nicht als Beamte im Sinne dieser Vorschrift;
2. Ausländer,[7]) die im Inland einen Wohnsitz [6]) oder in Ermangelung eines solchen ihren dauernden Aufenthalt [5]) haben;
3. juristische Personen des öffentlichen und des bürgerlichen Rechtes, alle Berggewerkschaften, nichtrechtsfähige Personenvereinigungen, Anstalten, Stiftungen und andere Zweckvermögen, sofern sie den Sitz oder den Ort der Leitung im Inlande haben;

II. für den Erbanfall, soweit er in inländischem landwirtschaftlichen, forstwirtschaftlichen oder gärtnerischen Vermögen, inländischem Betriebsvermögen oder inländischem Grundvermögen, in einem Nutzungsrecht an einem solchen Vermögen oder in solchen Rechten besteht, deren Übertragung an eine Eintragung in inländische Bücher geknüpft ist,[8]) in allen anderen Fällen.[9])

(2) Soweit die Steuerpflicht im Auslande befindliche Grundstücke,[10]) Sachen, Forderungen gegen ausländische Schuldner oder Rechte, deren Übertragung an eine Eintragung in ausländische Bücher geknüpft ist, betrifft, ist auf Antrag die von dem ausländischen Staate aus Anlaß des Erbfalls erhobene Steuer bei Berechnung der Erbschaftsteuer als Nachlaßverbindlichkeit abzuziehen. Inwieweit statt dessen bei Gewährung der Gegenseitig-

keit eine Anrechnung der ausländischen Steuer auf die inländische Steuer erfolgt, bestimmt der Reichsminister der Finanzen.[11])

(3) Ist im Falle des Abs. 1 I ein Teil des Vermögens der inländischen Besteuerung auf Grund von Staatsverträgen entzogen,[12]) so ist die Steuer nach dem Steuersatze zu erheben, der dem ganzen Erwerb entspricht.[13])

1. Vergl. hierzu § 1 Abs. 2.

2. Bei Verschollenen s. § 99 Abs. 5 AO. — Bei Antrag nach § 7 Abs. 2 Satz 2 ist nicht der ursprüngliche Erbl., sondern der Vorerbe maßgebend (RFH. **24** 246). Bei Schenkungen: Schenker z. Z. der Ausführung der Zuw.

3. § 14.

4. Reichs- u. Staatsangehörigkeitsges. v. 22. Juli 1913 (RGBl. 583).

5. Dauernder Aufenthalt: § 81 AO. Dazu: RFH. 23. Okt. 1930 — Ie A 128/30 —, StW. **10** 201. Für minderjährige Studentin: RFH. 18. März 1930 — Ie A 834/29 —, JW. **59** 1892.

6. § 80 AO.

7. Ausländer sind alle Personen, die nicht im Sinne von I 1 Deutsche sind, also auch Staatenlose sind Ausländer.

8. z. B. Hypotheken.

9. Von einem ausländischen, im Auslande wohnenden Erbl. an einen Erben, der ebenfalls nicht Inländer im Sinne von Abs. 1 I ist, vererbte inländische Bankguthaben z. B. sind steuerfrei.

10. Kein internationales Gewohnheitsrecht für Grundstücksbesteuerung durch den Belegenheitsstaat: RFH. **27** 85.

11. Entscheidung im Einzelfall auf besonderen Antrag: ErlRFM. 30. Aug. 1922 — III V 6592 —.

12. Vergl. § 15 AO. Solche Staatsverträge schließen die Anwendung der Grundsätze des § 8, die im Einzelfall anzuwenden wären, insoweit aus, als diese mit den Vertragsbestimmungen nicht vereinbar sind. Zur Zeit bestehen Doppelbesteuerungsverträge hinsichtlich der ErbSt.: mit der Tschechoslowakei v. 18. März 1922 (RGBl. 1923 II S. 69 u. 224); mit Österreich v. 28. Mai 1922 (RGBl. 1923 II S. 69 u. 292); mit Ungarn v. 26. Nov. 1923 (RGBl. 1925 II S. 641 u. 969); mit Griechenland (über Besteuerung beweglichen Nachlaßvermögens) v. 1. Dez./18. Nov. 1910 (RGBl. 1912 S. 173), wieder in Kraft gesetzt durch Bek. v. 6. Febr. 1921 (RGBl. S. 149) und VO. v. 12. Juli 1923 (RGBl. I S. 634); gegenüber Danzig gilt die VO. v. 19. Nov. 1923 (RGBl. II S. 427).

13. Ausnahme von § 10 Abs. 3; sie kann selbstverständlich durch den Staatsvertrag ausgeschlossen werden.

§ 9.

(1) Die Erbschaftsteuer wird nach dem persönlichen Verhältnis[1]) des Erwerbers zu dem Erblasser[2]) in folgenden 5 Klassen erhoben:

I. Klasse:

1. Der Ehegatte,
2. die Kinder,
3. die Personen, denen die rechtliche Stellung ehelicher Kinder zukommt,
4. die eingekindschafteten Personen,[3]) denen die rechtliche Stellung ehelicher Kinder zukommt,
5. die an Kindes Statt angenommenen Personen,
6. die Stiefkinder,[3a])
7. die vom Vater anerkannten unehelichen Kinder.

Der Erwerb des Ehegatten ist steuerfrei, wenn im Zeitpunkt des Entstehens der Steuerschuld leben

a) Personen der in Abs. 1 Nr. 2 bis 5 genannten Art[4]) oder
b) Abkömmlinge von Personen der in Abs. 1 Nr. 2 bis 4 genannten Art[4]) oder
c) Abkömmlinge von Personen der in Abs. 1 Nr. 5 genannten Art,[4]) sofern sich die Annahme an Kindes Statt auf die Abkömmlinge erstreckt.

Die Steuerfreiheit tritt auch ein, wenn Personen der unter a bis c genannten Art im Zeitpunkt des Entstehens der Steuerschuld zwar nicht mehr leben, aber im Weltkriege gefallen oder in der Zeit bis zum 31. Dezember 1922 infolge einer Kriegsverwundung oder Kriegsdienstbeschädigung verstorben sind und der Erwerb des Ehegatten 100 000 Reichsmark nicht übersteigt; die Vorschriften des § 18 Abs. 4, 5 finden entsprechende Anwendung.

II. Klasse:

Die Abkömmlinge der zu I Abs. 1 Nr. 2 bis 7 genannten Personen,[5]) der an Kindes Statt angenommenen Personen (I Abs. 1 Nr. 5), jedoch nur dann, wenn sich die Annahme an Kindes Statt auf die Abkömmlinge erstreckt.

III. Klasse:
1. Die Eltern und Stiefeltern,
2. die voll- und halbbürtigen Geschwister.

IV. Klasse:
1. Die Großeltern und die entfernteren Voreltern,
2. die Abkömmlinge ersten Grades von Geschwistern,
3. die Schwiegereltern,[6])
4. die Schwiegerkinder.[6])

V. Klasse:
Alle übrigen Erwerber[7]) und die Zweckzuwendungen,[8]) soweit nichts anderes vorgeschrieben ist.[9])

(2) Im Falle des § 2 Abs. 1 Nr. 2 gilt als Erblasser, in den Fällen des § 3 Abs. 1 Nr. 8 und 9 als Schenker der zuletzt Berechtigte; in den Fällen des § 2 Abs. 2 Nr. 1 und § 3 Abs. 1 Nr. 7 ist der Besteuerung das Verwandtschaftsverhältnis[10]) des nach der Stiftungsurkunde entferntest Berechtigten[11]) zu dem Erblasser oder Schenker zugrunde zu legen, sofern die Stiftung wesentlich im Interesse einer Familie oder bestimmter Familien gemacht ist.

(3) Im Falle des § 2269 des Bürgerlichen Gesetzbuchs und soweit der überlebende Ehegatte an die Verfügung gebunden ist, sind die mit dem verstorbenen Ehegatten näher verwandten Erben und Vermächtnisnehmer als seine Erben anzusehen,[12]) soweit sein Vermögen beim Tode des überlebenden Ehegatten noch vorhanden ist.[13])

1. Die Begriffe der Verwandtschaft, Schwägerschaft und ehelichen Abstammung im Ges. richten sich nach bürgerlichem Recht (RFH. 28. Febr. 1923 — VI A 13/23 —, StW. **2** 339, 552 a).

2. Vgl. dazu § 1 Abs. 2. — Schenkung aus Gesamtgut ehelicher Gütergemeinschaft oder bei Errungenschaftsgemeinschaft ist regelmäßig als Schenkung beider Eheleute anzusehen, Schenkung an einen in Gütergemeinschaft Lebenden als Schenkung nur an diesen allein (RFH. 25. Okt. 1922 — VI A 161/22 —, StW. **2** 154; RFH. **11** 320; RFH. 21. Jan. 1927 — Ve A 494/26 —, Jb. **8** 224; RFH. **28** 302.

3. Einkindschaftung = landesrechtlich zugelassene vertragliche Gleichstellung der Kinder erster und weiterer Ehen; seit 1. Jan. 1900 keine neue Einkindschaftung zulässig.

3a. Uneheliche Kinder eines Ehemannes sind nicht Stiefkinder seiner Ehefrau (RFH. 20. Jan. 1931 — Ie A 17/30 —, StW. **10** 354).

4. Nicht erforderlich, daß die in Abs. 1 Nr. 2 bis 5 genannten Kinder usw. auch zu dem überlebenden Ehegatten in gleichem Verhältnis stehen; so genügt z. B. für die Steuerbefreiung der überlebenden Ehefrau, wenn beim Tode des Erbl. ein von diesem allein adoptiertes Kind lebt (RFH. 11. März 1930 — Ie A 44/30 —, StW. **9** 808).

5. Auch uneheliche Abkömmlinge anerkannter unehelicher Kinder, wenn die Abkömmlinge von ihrem Vater anerkannt sind.

6. Bei Zuw. an den Schwiegersohn spricht Vermutung für Absicht einer Zuw. an die verheiratete Tochter (RFH. **4** 126; RFH. 11. Dez. 1925 — Ve A 294/25 —, StW. **5** 68). — Schwägerschaft wird durch Auflösung der sie begründenden Ehe nicht berührt (RFH. **17** 231).

7. Bei Schenkung im Namen einer off. Handelsgesellschaft sind Schenker, bei Schenkung an eine off. HG. sind Beschenkte die einzelnen Gesellschafter (RFH. **23** 282). Aufnahme in Gesellschaft ist nie Schenkung der Gesellschaft als solcher, möglicherweise aber, wenn die Voraussetzungen einer freigeb. Zuw. überhaupt vorliegen, Schenkung der bisherigen Gesellschafter an den neuen (RFH. 18. Jan. 1923 — VI A 223/22 —, StW. **2** 400). — Schenkweise Aufwertung von Darlehnsforderungen der Kommanditisten kann u. U. Zuw. von der Komm.-Gesellschaft als solcher sein (RFH. 26. Nov. 1926 — Ve A 710/26 —, StW. **5** 621). — Zuw. an Erbengemeinschaft ist Zuw. an die einzelnen Erben (RFH. 16. Dez. 1930 — Ie A 461/30 —, RStBl. **31** 124).

8. s. § 4.

9. z. B. § 18 Abs. 1 Nr. 17, 18, 19 b.

10. = persönliches Verhältnis zum Erblasser, wie es für den Steuersatz maßgebend ist (RFH. **27** 85).

11. z. B. bei Berechtigung der Kinder und weiteren Abkömmlinge Steuersatz der Klasse II, bei Berechtigung der Abkömmlinge von Geschwistern Steuersatz der Klasse V. Als berechtigt gelten alle, die nach der Satzung Vermögensvorteile (auch Darlehen) erhalten können; klagbarer Anspruch darauf nicht Voraussetzung. Gehören zu den Berechtigten juristische Personen, die als solche (z. B. nach § 18 Nr. 19) steuerbefreit wären, so ist für die Errichtung der Stiftung doch die V. Klasse anzuwenden (RFH. **20** 173; RFH. 23. Jan. 1930 — Ie A 890/28 —, StW. **9** 306).

12. d. h. es ist ihr Verwandtschaftsverhältnis zum erstverstorbenen Ehegatten der Besteuerung zugrundezulegen; Stichtag für die Entstehung der Steuerschuld und damit für die Bewertung (§§ 14, 21) bleibt für ihren Erwerb der Todestag des zuletzt verstorbenen Ehegatten (§ 1 ErbStUB.).

13. Surrogation wird zuzulassen sein. Reicht der Nachlaß des Erstverstorbenen zur Deckung der Erbansprüche der mit diesem Verwandten nicht aus, so ist er anteilig zu verteilen, der ungedeckt bleibende Teil des Anspruchs aber als Anfall vom Überlebenden zu versteuern. Gemeinsames Vermächtnis einer bestimmten Sache gilt von dem, dem sie gehörte, angefallen.

3. Berechnung der Steuer.

§ 10.

(1) Die Erbschaftsteuer beträgt[1]) bei Erwerben

bis einschließlich	in der Steuerklasse				
	I	II	III	IV	V
Reichsmark	vom Hundert				
10 000	2	4	6	8	14
20 000	2,5	5	7,5	10	16
30 000	3	6	9	12	18
40 000	3,5	7	10,5	14	20
50 000	4	8	12	16	22
100 000	4,5	9	13,5	18	24
150 000	5	10	15	20	26
200 000	5,5	11	16,5	22	28
300 000	6	12	18	24	30
400 000	6,5	13	19,5	26	32
500 000	7	14	21	28	34
600 000	7,5	15	22,5	30	36
700 000	8	16	24	32	38
800 000	8,5	17	25,5	34	40
900 000	9	18	27	36	42
1 000 000	9,5	19	28,5	38	44
2 000 000	10	20	30	40	46
4 000 000	11	21	32	42	48
6 000 000	12	22	34	44	51
8 000 000	13	23	36	46	54
10 000 000	14	24	38	48	57
darüber	15	25	40	50	60

(2) Der Unterschied zwischen der Steuer, die sich bei Anwendung des Abs. 1 ergibt, und der Steuer, die sich berechnen würde, wenn der Erwerb die letztvorhergehende Wertgrenze nicht überstiegen hätte, wird nur insoweit erhoben, als er

a) bei einem Steuersatze bis zu 30 vom Hundert aus der Hälfte,

b) bei einem Steuersatz über 30 bis zu 50 vom Hundert aus drei Vierteln,

c) bei einem Steuersatz über 50 vom Hundert aus neun Zehnteln

des die Wertgrenze übersteigenden Erwerbes gedeckt werden kann.[2])

(3) Als Erwerb im Sinne der Abs. 1, 2 gilt, unbeschadet der Vorschrift des § 8 Abs. 3, die Bereicherung des Erwerbers, soweit sie nicht steuerfrei bleibt.[3])

1. Erbschaftsteuertarif auch vor § 1 abgedruckt.

2. Danach sind z. B. bei einem Anfall von 100 100 RM. an einen Sohn nicht 5 v. H. von 100 100 RM., sondern nur 4,5 v. H. von 100 000 RM. $+ \frac{100}{2}$ RM. zu erheben.

3. Es bleibt also z. B. steuerfreier Hausrat auf die Höhe des Steuersatzes ohne Einfluß. — Hinsichtlich der Bereicherung s. §§ 22, 23.

§ 11.

Erfüllt der Erbe eine wegen Formmangels nichtige Verfügung von Todes wegen,[1]) so ist nur[2]) die Steuer zu erheben, die bei Gültigkeit der Verfügung des Erblassers zu entrichten gewesen wäre.[3])

1. Auch nur mündliche Erklärungen des Erbl. (wohl auch mündliche Ergänzungen oder Erläuterungen zu formgerechter Verfügung von Todes wegen), vorausgesetzt, daß er mit der Erklärung eine letztwillige Verfügung treffen und nicht nur einen Wunsch oder die bloße Absicht, später ein Testament zu errichten, äußern wollte (RFH. 21. Juni 1922 — VI A 192/21 —, RFH. 5. Juli 1922 — VI A 150/22 —, StW. 1 967). Erfüllung gilt als Anfall vom Erbl., Zeitpunkt der Leistung ist nicht entscheidend (RFH. 2. Mai 1923 — VI A 39/23 —, StW. 2 655).

2. Sonach § 11 nur anzuwenden, wenn sich dadurch weniger Steuer ergibt, als sonst zu erheben wäre (RFH. 15. Jan. 1926 — Ve A 248/25 —, StW. 5 72).

3. Anwendung der Vorschrift kann nur bis zur rechtskräftigen Veranlagung geltend gemacht werden (RFH. 5. Juni 1928 — Ve A 746/27 —, Jb. 9 246).

§ 12.

Hat der Erblasser die Entrichtung der von dem Erwerber geschuldeten Steuer einem anderen auferlegt,[1]) so sind die Steuern [2]) so zu berechnen, wie wenn die Auflage nicht erfolgt wäre. Dies gilt nicht für Schenkungen, bei denen der Schenker die Zahlung der Steuer übernimmt.[3])

1. Sog. Vermächtnis der ErbSt., wenn Erbl. anordnet, daß die Steuer für einzelne oder alle Erwerber von einem Erben oder aus dem Nachlaß gezahlt werden soll.

2. Nämlich die Steuer für den Vermächtnisnehmer (Anm. 1) und die Steuer für den (oder die) Erben.

3. Steuerpflichtig ist, wenn Schenker die Steuerzahlung übernimmt, der Betrag, der nach Abzug der von diesem berechneten Steuer den zugewendeten Betrag ergibt (RFH. **1** 27, **25** 213). Berechnung im Regelfall nach der Formel $\frac{100\,z}{100-p}$, wobei z der Nennbetrag der Zuwendung, p der anzuwendende Steuersatz ist. Besondere Berechnung ist erforderlich, wenn die Grenze einer Steuerstufe (§ 10 Abs. 1) infolge des Steuervermächtnisses überschritten wird, wegen § 10 Abs. 2.

§ 13.

(1) Mehrere innerhalb 10 Jahren [1]) von derselben Person anfallende Vermögensvorteile werden in der Weise zusammengerechnet, daß dem letzten Erwerbe die früheren Erwerbe nach ihrem früheren Werte zugerechnet werden [2]) und von der Steuer für den Gesamtbetrag die Steuer abgezogen wird, welche für die früheren Erwerbe zur Zeit des letzten zu erheben gewesen wäre.[3])

(2) Die durch jeden weiteren Erwerb veranlaßte Steuer darf nicht mehr betragen als 60 vom Hundert dieses Erwerbes.

1. Seit dem 1. Juli 1923 frühestens (§ 2 ErbStÜV.).

2. Ob auch die früher aus persönlichen oder sachlichen Gründen steuerbefreit gewesenen Erwerbe, ist zweifelhaft. Trotz des Wortes „Erwerb" wohl auch auf Zweckzuw. auszudehnen, wenn — abgesehen von der Person des Beschwerten — die wesentlichen Bestimmungen der früheren und der letzten Zuw. die gleichen sind.

3. Über den Zweck und die Grenzen der Zusammenrechnung: RFH. **25** 180; war die frühere Zuw. nach damaliger Rechtslage steuerpflichtig, ist sie nach der z. Z. der neuen Zuw. geltenden aber steuerfrei, so entspricht es dem Zweck der Vorschrift, die frühere Steuer anzurechnen.

4. Steuerschuld und Steuerschuldner.

§ 14.

(1) Die Steuerschuld entsteht

1. bei Erwerben von Todes wegen
   mit dem Tode des Erblassers,[1]) jedoch[2])
   a) für den Erwerb des unter einer aufschiebenden Bedingung, unter einer Betagung oder Befristung Bedachten mit dem Zeitpunkt des Eintritts der Bedingung oder des Ereignisses;[3])
   b) für den Erwerb eines geltend gemachten Pflichtteilsanspruchs mit dem Zeitpunkt der Geltendmachung;[4])
   c) im Falle des § 2 Abs. 2 Nr. 1 mit dem Zeitpunkt der Genehmigung der Stiftung;
   d) in den Fällen des § 2 Abs. 2 Nr. 2 mit dem Zeitpunkt der Vollziehung der Auflage oder der Erfüllung der Bedingung;[5])
   e) in den Fällen des § 2 Abs. 2 Nr. 3 mit dem Zeitpunkt der Genehmigung;
   f) in den Fällen des § 2 Abs. 2 Nr. 4 mit dem Zeitpunkt des Verzichts oder der Ausschlagung;
   g) im Falle des § 2 Abs. 2 Nr. 5 mit dem Zeitpunkt der Übertragung der Anwartschaft;
   h) für den Erwerb des Nacherben mit dem Zeitpunkt des Eintritts der Nacherbfolge;[6])
2. bei Schenkungen unter Lebenden
   mit dem Zeitpunkt der Ausführung der Zuwendung;[7])
3. bei Zweckzuwendungen
   mit dem Zeitpunkt des Eintritts der Verpflichtung des Beschwerten.[8])

(2) Im Falle der Aussetzung der Versteuerung nach § 34 gilt die Steuerschuld für den Erwerb des mit dem Nutzungsrechte belasteten Vermögens als mit dem Zeitpunkt des Erlöschens des Nutzungsrechts entstanden.[9])

(3) In den Fällen des Abs. 1 Nr. 1 unter a kann das Finanzamt vor Entstehung der Steuerschuld Sicherheitsleistung aus dem Nachlaß verlangen.[10])

1. Steuerstichtag also, soweit nicht ein unter a bis h genannter Fall vorliegt, grundsätzlich der Todestag des Erbl.; auch wenn dieser im Ausland verstorben ist oder die Erbschaft infolge Testamentsvollstreckung, Nachlaßverwaltung oder aus sonstigen Gründen erst später angetreten werden kann (RFH. **4** 30; RFH. 2. Dez. 1930 — Ie A 395/397/30 —, RStBl. 1931, 122). Auch bei § 11 ist der Todestag des Erbl. Stichtag für die Versteuerung (RFH. 2. Mai 1923 — VI A 39/23 —, StW. **2** 655). Bei Todeserklärung gilt der Tag des Eintritts der Rechtskraft des Ausschlußurteils als Todestag (§ 99 Abs. 5 AO.); hierzu ErlRFM. 11. März 1921 — III a 6526/20 —, Jb. **2** 381.

2. Zu a bis h: Es ist also in Fällen, in denen der Eintritt der wirtschaftlichen Bereicherung nach dem Tode des Erbl. noch von einem besonderen Ereignis (Eintritt einer aufschiebenden Bedingung, einer Nacherbfolge usw.) abhängt, der Stichtag auf den Zeitpunkt des Eintritts des Ereignisses hinausgeschoben; dieser ist auch für die Bewertung des Erwerbs maßgebend: § 21.

3. Dem Eintritt ist die sonstige Beseitigung der Ungewißheit gleichzustellen (RFH. 27. Nov. 1925 — Ve A 210/25 —, StW. **5** 71). Die Vorschrift ist anzuwenden, wenn letztwillig mehreren ein Nießbrauchsrecht derart eingeräumt, daß beim Tode eines Bedachten Anwachsung beim Überlebenden eintritt, hinsichtlich des diesem dann zufallenden Nießbrauchsteils (RFH. 12. Mai 1931 — Ie A 55/31 —, RStBl. 540). — Betagter Anfall des Substanzerwerbs liegt vor, wenn Nießbrauch und event. Verbrauch einem anderen lebenslänglich zustehen (RFH. 8. Okt. 1929 — Ve A 62/28 —, StW. **8** 996). — Weitervererbung eines aufschiebend bedingten Erwerbs vor Eintritt der Bedingung: RFH. 22. Febr. 1922 — VI A 95/21 —, StW. **1** 439. — Genehmigungspflichtige Zuw. an juristische Person gilt bis zur Genehmigung als aufschiebend bedingt (RFH. 15. Febr. 1922 — VI A 36/20 —, StW. **1** 438).

4. s. hierzu § 2 Anm. 3.

5. Die Steuerschuld entsteht für den Berechtigten also, auch wenn dieser unmittelbar bei der Anordnung der Auflage einen Anspruch auf Erfüllung der Auflage erwirbt, erst mit deren Vollziehung (RFH. **24** 25); Vollziehung aber schon bei formgerechter Hypothekbewilligung (RFH. **24** 356). — Erfüllung einer Bedingung: s. Anm. 3.

6. s. § 7.

7. Erst die vollzogene Schenkung, nicht schon das obligatorische Schenkungsversprechen, ist steuerpflichtig. Ausnahmsweise ist die Schenkung schon mit der Erteilung eines Versprechens, u. U. sogar eines ungültigen, als ausgeführt zu behandeln, wenn, z. B. bei Begründung einer Forderung, ein auf die Dauer berechneter Zustand herbeigeführt werden soll; zivilrechtliche Erfüllung dann nicht Voraussetzung der Steuerpflicht (RFH. **10** 240; RFH. 26. Sept. 1923 — VI A 65/23 —, StW. **2** 921). So ist Ausführung der

Schenkung schon anzunehmen: mit Umwandlung der Forderung aus dem Schenkungsversprechen in Darlehnsforderung (RFH. **9** 276); mit Umwandlung in die Einlage eines stillen Gesellschafters oder Einräumung einer Unterbeteiligung (RFH. **10** 237; RFH. 26. Sept. 1923 — VI A 65/23 —, StW. **2** 921; RFH. 11. Jan. 1929 — Ve A 749/28 —, StW. **8** 535); mit formgerechter Bewilligung einer Hypothek (RFH. **24** 356); mit Eintragung als Schuld in Geschäftsbücher (nicht Bücher über Privatvermögen: RFH. **25** 250) oder in Handelsbilanz und Benachrichtigung des Bedachten hiervon (RFH. **16** 144; RFH. 26. Jan. 1926 — Ve A 337/25 —, StW. **5** 504); bei schenkweiser Aufwertung mit Gutschrift des aufgewerteten Betrags (RFH. **23** 282); bei Grundstücksschenkung, auch sog. gemischter Schenkung (Gutsüberlassung), mit Erwerb des Eigenbesitzes, steuerrechtlichen Eigentums (§ 98 AO.), der wirtschaftlichen Herrschaft über das Grundstück, spätestens mit der Auflassung (RFH. **12** 34, **16** 160; **22** 348; RFH. 27. April 1928 — Ve A 86/28 —, StW. **7** 590; RFH. 14. Mai 1929 — Ve A 865/28 —, StW. **8** 814); bei aufschiebend bedingter Grundstücksschenkung jedoch trotz Auflassung regelmäßig nicht vor Eintritt der Bedingung (RFH. 25. Juni 1930 — Ie A 236/30 —, RStBl. 555). — Die nachträgliche Vertragsaufhebung (Rückschenkung), selbst eine Rückauflassung beseitigt nicht eine bereits entstandene Steuerpflicht (RFH. 13. Mai 1925 — Ve A 81/25 —, Jb. **6** 236; RFH. 11. Mai 1928 — Ve A 836/27 —, StW. **7** 602; RFH. **28** 105). — Genehmigungspflichtige Stiftungen u. dergl. Zuw. unter Lebenden gelten grundsätzlich als mit Zustellung der Genehmigungsurkunde ausgeführt (RFH. **1** 16; RFH. 12. April 1921 — Ia A 7/21 —, StW. **1** 206; RFH. 18. Febr. 1921 — Ia A 35/20 —, Jb. **2** 358), bei vorheriger Übergabe des Vermögens an Vertreter der künftigen Rechtsperson schon mit dieser Übergabe (RFH. **10** 240). — Hinterlegung von Wertpapieren mit Zinsscheinen bei Bank keine Erfüllung des Schenkungsversprechens bezüglich der Zinsen (RFH. 11. März 1921 — Ia A 9/21 —, StW. **1** 204). — Zinszahlung auf erst versprochenes Kapital als teilweise Ausführung, aber selbständige Schenkung: RFH. **9** 31. — Ausführung bei Verträgen zugunsten Dritter (Auflage in Vertrag: § 3 Nr. 3) erst mit Erfüllung der Auflage (RFH. **24** 25), s. auch Anm. 5. — Schenkweise Einräumung eines Nießbrauchs an vom Schenker begründeten Forderungen: RFH. 27. März 1928 — Ve A 142/27 —, StW. **7** 599. — Ausführung einer Rentenschenkung, je nachdem ob ein Rentenstammrecht begründet wird oder nicht: RFH. **4** 243 ,**8** 60; RFH. 25. Okt. 1929 — Ve A 26/29 —, StW. **9** 809. — Zuschußversprechen an verheiratetes Kind regelmäßig nicht Begründung eines Rentenstammrechts (RFH. 17. April 1928 — Ve A 757/27 —, StW. **7** 600). — Bei bedingter Schenkung Ausführung in der Regel nicht vor Erfüllung der Bedingung (RFH. 19. April/8. Juli 1929 — Ve A 852/28 —, StW. **8** 642; RFH. 14. Jan. 1930 — Ie A 806/29 —, StW. **9** 261; RFH. 25. Juni 1930 — Ie A 236/30 —, RStBl. 555). — Falls die Verhältnisse zweifelhaft, dann Schätzung (RFH. **22** 348; RFH. 24. Febr. 1931 — Ie A 200/30 —, RStBl. 283).

8. Also nicht Zeitpunkt der Erfüllung des gedachten Zwecks, sondern schon Todestag des Erbl. oder Tag der Ausführung der der Zweckzuw. zugrunde liegenden Schenkung (s. Anm. 1, 2 zu § 4).

9. s. zu § 34. Nicht bloß bei Aussetzung nach § 34 dieses Ges., sondern auch bei Aussetzung nach den dieser Vorschrift entsprechenden Bestimmungen früherer Gesetze: § 26 ErbStG. 1906, § 51 ErbStG. 1919, § 37 ErbStG. 1922 (RFH. 11. Febr. 1930 — Ie A 817/29 —, StW. **9** 308).

10. Ergänzung zu § 100 AO., der die Forderung der Sicherheitsleistung allgemein unter bestimmten Voraussetzungen zuläßt.

§ 15.

(1) Steuerschuldner[1]) ist der Erwerber, bei einer Schenkung auch der Schenker und bei einer Zweckzuwendung der mit der Ausführung der Zuwendung Beschwerte.[2])

(2) Im Falle des § 5 sind die Abkömmlinge im Verhältnis der auf sie entfallenden Anteile, der überlebende Ehegatte für den gesamten Steuerbetrag Steuerschuldner.

(3) Neben den in Abs. 1, 2 Genannten haftet der Nachlaß sowie jeder Erbe[3]) in Höhe des Wertes des aus der Erbschaft Empfangenen für die Steuer der am Erbfall Beteiligten[4]) als Gesamtschuldner.[5])

(4) Der Vorerbe hat die durch die Vorerbschaft veranlaßte[6]) Steuer aus den Mitteln der Vorerbschaft zu entrichten.[7])

(5) Haben Erben, gesetzliche Vertreter, Bevollmächtigte der Erben, Erbschaftsbesitzer (§ 2018 des Bürgerlichen Gesetzbuchs), Testamentsvollstrecker, Nachlaßpfleger oder Nachlaßverwalter den Nachlaß oder Teile desselben vor der Berichtigung oder Sicherstellung der Steuer anderen ausgeantwortet, so haften diese[8]) in Höhe des aus der Erbschaft Empfangenen persönlich für die Steuer, es sei denn, daß sie zur Zeit der Ausantwortung in gutem Glauben sind. Sie sind nicht in gutem Glauben, wenn ihnen bekannt oder infolge grober Fahrlässigkeit unbekannt ist, daß die Steuer weder entrichtet noch sichergestellt ist.

(6) Versicherungsunternehmungen,[9]) die vor Berichtigung oder Sicherstellung der Steuer die von ihnen zu zahlende Versicherungssumme oder Leibrente in das Ausland zahlen oder

ausländischen Berechtigten zur Verfügung stellen,[10]) haften in Höhe des ausgeantworteten Betrags für die Steuer. Das gleiche gilt für Personen, in deren Gewahrsam sich Vermögen[11]) des Erblassers befindet, soweit sie das Vermögen vorsätzlich oder fahrlässig vor Berichtigung oder Sicherstellung der Steuer in das Ausland bringen oder ausländischen Berechtigten zur Verfügung stellen.[10])

(7) Ob und inwieweit die Finanzämter in Fällen des Abs. 6 Erleichterung gewähren können, bestimmt der Reichsminister der Finanzen.[12])

1. Wer sich der Steuerbehörde gegenüber zur Steuerzahlung bereit erklärt, wird dadurch nicht Steuerschuldner (RFH. **1** 260).

2. s. §§ 4, 23 Abs. 1 Satz 2. Der „Beschwerte" haftet nur beschränkt nach § 105 Abs. 2, § 109 AO., wie Vertreter rechtsfähiger Stiftung (RFH. **11** 257 u. RFH. 12. Mai 1923 — VI A 38/23 —, StW. **2** 659).

3. Jeder Erbe, auch der steuerfreie (RFH. **22** 67), aber nicht der Vermächtnisnehmer, Pflichtteilberechtigte.

4. Zu den Beteiligten gehört nicht der Erwerber auf Grund Lebensversicherungsvertrags des Erbl. (RFH. **24** 135).

5. Neben der Steuerschuld des für seinen Erwerb Steuerpflichtigen besteht eine Haftung des Nachlasses und der einzelnen Erben (s. Anm. 3). Weitere Haftung ergibt sich aus Abs. 5 u. 6. Außerdem besteht für gesetzliche Vertreter, Testamentsvollstrecker, Erbschaftsbesitzer, Pfleger u. dergl. eine Verpflichtung, dafür zu sorgen, daß Mittel zur Steuerzahlung zurückgehalten und die Steuern bezahlt werden (§§ 103 ff. AO.) und eine beschränkte Haftung für diese Personen gemäß §§ 109 ff. AO. — Haftung entfällt, wenn die Inanspruchnahme unbillig wäre (RFH. **26** 309). Wird jedoch die Steuer unmittelbar vom Schenker erfordert, so kann Verletzung des „billigen Ermessens" (§ 6 AO. a. F., § 11 AO. n. F.) nicht eingewendet werden (RFH. 24. Febr. 1931 — Ie A 340/30 —, StW. **10** 324).

6. Also auch die Steuer, welche ein Vorerbe, der neben der Vorerbschaftsmasse noch freies Vermögen erbt, infolge der durch die Vorerbschaft veranlaßten Erhöhung des Gesamtanfalls nach § 10 Abs. 1 in erhöhtem Hundertsatz zu zahlen hat.

7. Mußvorschrift, um bei der Feststellung der Höhe des Anfalls an den Nacherben die vom Vorerben entrichtete Steuer ohne weitere Erörterungen abziehen zu können.

8. d. h. die „anderen", also die Empfänger (die Haftung der Erben ergibt sich schon aus Abs. 1, 3, die der gesetzlichen Vertreter usw. aus §§ 103 ff. AO.), s. oben Anm. 5.

9. Auch Berufsverbände, die Lebens- (Sterbegeld-) oder Leibrentenversicherung betreiben, nicht Ortskrankenkassen (ErlRFM. 2. Juli 1920 — IIIa 2914 —).

10. Zahlung ins Ausland oder Zurverfügungstellung an ausländische Gläubiger: RFH. 8 338 (dort auch Erörterung der Frage, wann Versicherung als im Inland abgeschlossen gilt); s. auch ErlRFM. 7. Juni 1923 — III C 6947 — (RStBl. 210).

11. Auch Barguthaben (RFH. 3 246). Gewahrsam bedeutet körperliche Gewalt; zu unterscheiden von der Verwaltung als rechtlicher Dispositionsbefugnis.

12. Ermächtigung der FA., bei Versicherungssummen und verwahrten Vermögen bis zu 500 RM. die Haftung nicht geltend zu machen; ErlRFM. 1. März 1928 — III erb 410 — (RStBl. 100).

§ 16.

(1) Bei einem Erwerb im Sinne des § 2 Abs. 1 Nr. 2 ist der Erwerber mit Genehmigung der Aufsichtsbehörde befugt, den Betrag der Steuer dem gebundenen Vermögen zu entnehmen und zu diesem Zwecke über die zu dem Vermögen gehörenden Gegenstände zu verfügen.

(2) Durch die Vorschrift des Abs. 1 wird die Befugnis des Inhabers nicht berührt, auf Grund solcher gesetzlicher, hausgesetzlicher oder stiftungsmäßiger Vorschriften, welche die Verfügung unter anderen Voraussetzungen zulassen, über das gebundene Vermögen zu verfügen.

(3) Fehlt eine Aufsichtsbehörde oder ist ungewiß, welche Behörde zur Aufsicht berufen ist, so gilt als Aufsichtsbehörde im Sinne des Abs. 1 das Oberlandesgericht, in dessen Bezirke das gebundene Vermögen sich seinem Hauptbestande nach befindet. Ist die Genehmigung von einem Oberlandesgericht erteilt, so kann nicht geltend gemacht werden, daß das Oberlandesgericht für die Genehmigung nicht zuständig gewesen wäre. Die Landeszentralbehörde kann bestimmen, daß an Stelle des Oberlandesgerichts eine andere Behörde tritt.

§ 17.

Die Verjährung des Steueranspruchs beginnt nicht vor dem Tode des Schenkers, bei einer Zweckzuwendung unter Lebenden nicht vor Erfüllung der Verpflichtung.[1])

1. Im übrigen s. §§ 143 ff. AO.; Verjährungsfrist 5, bei Hinterziehung 10 Jahre.

5. Befreiungen und Ermäßigungen.

§ 18.

(1) Steuerfrei bleiben

1. bei den Steuerklassen I, II ein Erwerb von nicht mehr als 5 000 Reichsmark; [1])
2. bei den Steuerklassen III, IV ein Erwerb von nicht mehr als 2 000 Reichsmark; [1])
3. bei der Steuerklasse V ein Erwerb von nicht mehr als 500 Reichsmark; [1])

4.[2]) a) Hausrat,[3]) einschließlich Wäsche und Kleidungsstücke, sofern er Personen der Steuerklassen I, II anfällt,

b) Hausrat,[3]) einschließlich Wäsche und Kleidungsstücke, soweit [4]) der Wert bei einem Anfall an Personen der Steuerklassen III, IV den Betrag von 5 000 Reichsmark nicht übersteigt,

c) andere bewegliche körperliche Gegenstände einschließlich derjenigen der in § 58 Abs. 1 Nr. 9 des Reichsbewertungsgesetzes genannten Art,[5]) sofern sie Personen der Steuerklassen I bis IV anfallen und soweit [4]) ihr Wert bei einem Anfall an Personen der Steuerklassen I, II den Betrag von insgesamt 5 000 Reichsmark, bei einem Anfall an Personen der Steuerklassen III, IV den Betrag von insgesamt 2 000 Reichsmark nicht übersteigt; sonstige im § 58 des Reichsbewertungsgesetzes aufgezählte bewegliche körperliche Gegenstände [6]) sowie solche, die zum landwirtschaftlichen, forstwirtschaftlichen oder gärtnerischen Vermögen,[7]) zum Betriebsvermögen [8]) oder zum Grundvermögen [9]) gehören, sind von der Befreiung ausgenommen;

5.[2]) Kunstgegenstände und Sammlungen, die Personen der Steuerklassen I, II, III anfallen, sofern sie von lebenden oder seit nicht mehr als 15 Jahren verstorbenen deutschen Künstlern geschaffen sind oder sofern der Anschaffungspreis

a) für den einzelnen Gegenstand nicht mehr als 10 000 Mark,[10])

b) für mehrere gleichartige oder zusammengehörige Gegenstände nicht mehr als 100 000 Mark [10])

betragen hat. An Stelle des Anschaffungspreises tritt, wenn die Anschaffung in der Zeit vom 1. Januar 1919 bis zum

31. Dezember 1923 liegt, der gemeine Wert.[11]) Werden solche Gegenstände innerhalb 10 Jahren nach dem Erbfall veräußert und wird dabei für den einzelnen Gegenstand mehr als 2 000 Reichsmark und für mehrere gleichartige oder zusammengehörige Gegenstände mehr als 10 000 Reichsmark erlöst, so tritt die Steuerbefreiung außer Kraft.

Kunstgegenstände und Sammlungen, die zum Betriebsvermögen [8]) gehören, sind von der Befreiung ausgenommen;

6.[2]) nicht zur Veräußerung bestimmte bewegliche körperliche Gegenstände, die geschichtlichen oder kunstgeschichtlichen oder wissenschaftlichen Wert haben und sich seit mindestens 20 Jahren im Besitze der Familie des Erblassers befinden, sofern sie Personen der Steuerklassen I, II, III anfallen und nach näherer behördlicher Anweisung den Zwecken der Forschung oder Volksbildung nutzbar gemacht werden. Werden solche Gegenstände innerhalb 10 Jahren nach dem Erbfall veräußert, so tritt die Steuerbefreiung außer Kraft;

7. ein Erwerb nach § 1969 des Bürgerlichen Gesetzbuchs;[12])

8. die Befreiung eines Steuerpflichtigen der Steuerklassen I, II von einer Schuld [13]) gegenüber dem Erblasser, soweit durch den Anfall lediglich die Beseitigung [14]) einer Überschuldung erreicht wird; [15])

9. die Befreiung von einer Schuld [13]) gegenüber dem Erblasser, sofern die Schuld durch Gewährung von Mitteln zum Zwecke des angemessenen Unterhalts [16]) oder zur Ausbildung [17]) des Bedachten begründet worden ist oder der Erblasser die Befreiung mit Rücksicht auf die Notlage [18]) des Schuldners angeordnet hat und diese auch durch die Zuwendung nicht beseitigt wird. Die Steuerbefreiung entfällt, soweit die Steuer aus der Hälfte einer neben der erlassenen Schuld dem Bedachten anfallenden Zuwendung gedeckt werden kann;

10. ein Erwerb, der einem Steuerpflichtigen der Steuerklassen I, II, Eltern, Stiefeltern oder Großeltern des Erblassers anfällt, sofern der Erwerb zusammen mit dem sonstigen Vermögen des Erwerbers 10 000 Reichsmark nicht übersteigt und der Erwerber infolge körperlicher oder geistiger Gebrechen und

unter Berücksichtigung seiner bisherigen Lebensstellung als erwerbsunfähig anzusehen ist oder durch die Führung eines gemeinsamen Hausstandes mit erwerbsunfähigen oder in der Ausbildung zu einem Lebensberufe begriffenen Abkömmlingen an der Ausübung einer Erwerbstätigkeit gehindert ist; [19])

11. ein Erwerb, der Personen [20]) anfällt, die dem Erblasser in Erwartung einer letztwilligen Zuwendung [21]) unentgeltlich oder gegen unzureichendes Entgelt Pflege oder Unterhalt gewährt haben, soweit [4]) das Zugewendete als angemessenes Entgelt anzusehen ist; [22])

12. Vermögen, das Eltern, Großeltern oder entferntere Voreltern ihren Abkömmlingen durch Schenkung oder Übergabevertrag zugewandt hatten und das an diese Personen zurückfällt; [23])

13. der Verzicht auf den Pflichtteilsanspruch; [24])

14. Zuwendungen unter Lebenden zum Zwecke des angemessenen Unterhalts [25]) oder zur Ausbildung [26]) des Bedachten;

15. Ruhegehalte und ähnliche Zuwendungen, [27]) die ohne rechtliche Verpflichtung früheren oder jetzigen Angestellten oder Bediensteten gewährt werden, sowie Zuwendungen an Pensions- oder Unterstützungskassen des eigenen Betriebs; [28])

16. die üblichen Gelegenheitsgeschenke; [29])

17. Anfälle [30]) an das Reich, ein Land oder eine inländische Gemeinde (Gemeindeverband) [31]) sowie solche Anfälle, die ausschließlich Zwecken des Reichs, eines Landes oder einer inländischen Gemeinde (Gemeindeverband) dienen; [32])

18. Zuwendungen an inländische Kirchen, [33]) an inländische Stiftungen, Gesellschaften, Vereine oder Anstalten, die ausschließlich kirchliche Zwecke verfolgen, [34]) sofern ihnen die Rechte juristischer Personen zustehen, sowie Zuwendungen zu ausschließlich kirchlichen Zwecken [35]) innerhalb des Deutschen Reichs oder seiner Schutzgebiete oder zugunsten deutscher Reichsangehöriger im Ausland, [36]) sofern die Verwendung zu diesem Zwecke gesichert ist. [37])

Unter Kirchen sind alle inländischen Religionsgesellschaften, denen die Rechte juristischer Personen zustehen, unter kirchlichen Zwecken sind die Zwecke solcher Religionsgesellschaften zu verstehen. Den Religionsgesellschaften sind gleichgestellt inländische Vereinigungen, die sich die gemeinschaftliche Pflege einer Weltanschauung zur Aufgabe machen und denen die Rechte juristischer Personen zustehen; kirchlichen Zwecken sind die Zwecke solcher Vereinigungen gleichgestellt;

19. Zuwendungen
   a) an solche inländische Stiftungen, Gesellschaften, Vereine oder Anstalten, die ausschließlich mildtätige oder gemeinnützige Zwecke [38]) verfolgen, sofern ihnen die Rechte juristischer Personen zustehen,
   b) die ausschließlich mildtätigen oder gemeinnützigen Zwecken[35]) [38]) innerhalb des Deutschen Reichs oder seiner Schutzgebiete oder deutschen Reichsangehörigen im Auslande gewidmet sind,[36]) sofern die Verwendung zu dem bestimmten Zwecke gesichert [37]) und die Zuwendung [39]) nicht auf einzelne Familien oder bestimmte Personen beschränkt ist; [40])

20. Zuwendungen an politische Parteien und Vereine, sofern die Verwendung der Zuwendung zu politischen Zwecken gesichert ist; [41])

21. Zuwendungen, die der Pflege des Andenkens oder dem Seelenheile des Zuwendenden oder seiner Angehörigen dienen.[42])

(2) Angemessen im Sinne des Abs. 1 Nr. 14 ist eine den Vermögensverhältnissen und der Lebensstellung des Bedachten entsprechende Zuwendung.[43]) Eine dieses Maß übersteigende Zuwendung ist in vollem Umfang steuerpflichtig.[44])

(3) Steuerbefreiung kann zugunsten ausländischer Kirchen, Stiftungen, Gesellschaften, Vereine oder Anstalten der im Abs. 1 Nr. 18, 19 bezeichneten Art sowie zugunsten solcher Zuwendungen, die den im Abs. 1 Nr. 18, 19 bezeichneten Zwecken im Auslande zu dienen bestimmt sind, zugestanden werden, sofern der ausländische Staat Gegenseitigkeit gewährt. Die Entscheidung darüber, ob diese Voraussetzungen vorliegen, trifft der Reichsminister der Finanzen.

(4) Jede Befreiungsvorschrift ist für sich anzuwenden.[45])

(5) Übersteigt der Wert des Erwerbes einen der im Abs. 1 Nr. 1 bis 3 genannten Beträge oder der Wert des Erwerbes

zusammen mit dem sonstigen Vermögen des Erwerbers den im Abs. 1 Nr. 10 genannten Betrag, so wird die Steuer nur insoweit erhoben, als sie aus der Hälfte des die Wertgrenze übersteigenden Betrags gedeckt werden kann.[46])

1. Steuerklassen: § 9. Anfälle, welche die angegebenen Werte übersteigen, sind in voller Höhe steuerpflichtig; s. aber § 18 Abs. 5. — Die nach Nr. 4 besonders befreiten Gegenstände sind bei Anwendung der Nrn. 1 bis 3 nicht mit zu berücksichtigen (RFH. **11** 333).

2. Die Befreiungen der Nrn. 4 bis 6 werden auch auf Erwerb von Nießbrauch an den darin genannten Gegenständen zu erstrecken sein (so ErlRFM. zu entsprechenden Vorschriften des ErbStG. 1919). — s. auch Anm. 1 letzter Satz.

3. = Gegenstände der Wohnungseinrichtung des Erbl. (Schenkers), in der Regel also gebrauchte Gegenstände; Zuw. eines Barbetrags zur Beschaffung von Hausrat fällt nicht hierunter (RFH. **26** 14).

4. „soweit" bedeutet, daß der angegebene Betrag auch dann steuerfrei bleibt, wenn der Gesamtanfall im Einzelfall höher ist.

5. also auch Gegenstände aus Edelmetall, Schmuck- und Luxusgegenstände.

6. z. B. Wertpapiere, Bargeld, fremde Geldsorten, Edelmetalle, Edelsteine, Perlen.

7. s. §§ 28 ff. RBewG. — **8.** s. §§ 44 ff. RBewG. — **9.** s. §§ 54 ff. RBewG.

10. Je nach dem Zeitpunkt der Anschaffung: alte Mark („Papiermark"), Goldmark, Reichsmark.

11. z. Z. der Anschaffung.

12. Recht des „Dreißigsten".

13. Bei Schulderlaß entfällt die Steuerpflicht selbstverständlich immer, wenn die erlassene Forderung z. Z. des Erlasses keinen Wert hatte (§ 16 RBewG.), so daß eine Bereicherung des Schuldners durch den Erlaß nicht eintritt (RFH. 14. Jan. 1930 — Ie A 805/29 —, DVR. 157).

14. Ganze oder teilweise Beseitigung.

15. Eine ausdrückliche Zweckbestimmung seitens des Erbl. (Schenkers) nicht erforderlich (RFH. 18. Mai 1921 — Ia A 20/21 —, StW. **1** 183).

16. s. Anm. 25. — **17.** s. Anm. 26.

18. s. Anm. 15; unschädlich, wenn etwa noch andere Beweggründe (z. B. Belohnung von Diensten) bestimmend waren. „Notlage" = nicht vorübergehende Geldverlegenheit, sondern wirtschaftlicher Notstand, Zwangslage, aus der sich Schuldner bei seinen Einkommens- und Vermögensverhältnissen nicht ohne fremde Hilfe befreien kann (RFH. wie bei Anm. 15).

19. „Erwerbsunfähigkeit" = Unfähigkeit, einem berufsmäßigen Erwerbe nachzugehen; die körperliche Fähigkeit, den Haushalt zu führen, schließt Erwerbsunfähigkeit nicht aus (RFH. **6** 31). Beträchtliche Minderung der Erwerbsfähigkeit ist der Erwerbsunfähigkeit gleich zu achten; Notlage nicht Voraussetzung für die Steuerbefreiung (RFH. **8** 296). Befreiung nicht ausgeschlossen, wenn die gebrechliche Person noch im Kindesalter (RFH. **3** 223) oder lediglich infolge Altersbeschwerden erwerbsunfähig (RFH. 10. Okt. 1930 — Ie A 282/30 —, DVR. 1931, 12). — Zum „sonstigen Vermögen" sind nicht zu rechnen die nach § 18 Abs. 1 u. § 22 ErbStG. in Verbindung mit dem RBewG. nicht zum steuerpflichtigen Vermögen gehörenden Gegenstände (s. die letztgenannte Entsch.).

20. Auch juristische Personen (RFH. **11** 208).

21. Selbst wenn Beerbung durch Erbvertrag gesichert war (RFH. **11** 208). Befreiung auch beim Fehlen letztwilliger Verfügung anwendbar (RFH. **22** 303). Unschädlich, wenn noch andere Gründe als die Erwartung einer Zuw. (etwa Hoffnung auf Ehe) für die Leistungen des Erwerbers bestimmend waren (RFH. 27. Jan. 1922 — Ia A 213/21 —, StW. **1** 453). — Pflegedienste können, im Rahmen der Haushaltsdienste, auch unter § 24 fallen; es darf aber nur eine der beiden Vorschriften auf sie angewendet werden (RFH. 10. Febr. 1931 — Ie A 288/30 —, StW. **10** 491).

22. „Angemessenes Entgelt" = Betrag, den Erbl. angemessenerweise als Gegenleistung innerhalb der Dienstzeit gezahlt hätte; Geldentwertung bleibt außer Betracht (RFH. 11. März 1921 — Ia A 17/21 —, JW. 1264 [2]; RFH. **6** 252).

23. Rückfall von Todes wegen oder durch Schenkung (RFH. **20** 97). Grundsatz der dinglichen Surrogation gilt nur insoweit, als bei wirtschaftlicher Betrachtungsweise der rückfallende Gegenstand als derselbe Gegenstand angesehen werden kann wie der zugewendete; Identität ist einwandfrei nachzuweisen (RFH. 3. März 1931 — Ie A 234/30 —, RStBl. 297). Nur der Elternteil, der geschenkt hat, genießt die Befreiung (RGZ. **94** 239; RFH. 30. Sept. 1927 — Ve A 378/27 —, StW. **6** 602).

24. d. h. auf den nicht geltend gemachten P. (s. § 2 Abs. 1 Nr. 1). Verzicht auf geltend gemachten P. ist freigeb. Zuw. nach § 3 Abs. 1 Nr. 2.

25. Erfüllung gesetzlicher Unterhaltspflicht (§§ 1601 ff. BGB.) ist nie Schenkung (§ 3 Anm. 2). Was aber über die laufende Unterstützung hinausgeht, ist freigeb. Zuw., es sei denn, daß besondere Gründe die Sicherstellung des Unterhaltsanspruchs rechtfertigen und den Willen der Freigebigkeit beim Zuwendenden als ausgeschlossen erscheinen lassen. Es muß danach Anlaß zur Zuw. (der Bedachte muß ihrer bedürfen) und zu der Art der Zuw. vorliegen und diese unmittelbar und ausschließlich zum Unterhalt verwendet werden (RFH. **7** 30; RFH. 23. Febr. 1922 — VI A 89/21 —, StW. **1** 660;

RFH. 31. Mai 1922 — VI A 126/22 —, StW. **1** 757; RFH. **26** 14; RFH. 16. Dez. 1930 — Ie A 206/30 —, RStBl. 141). Bedürftigkeit (Notlage) des Bedachten nicht erforderlich. „Angemessen" bedeutet aber hier, daß Bedachter nicht in der Lage ist, sich selbst angemessen zu unterhalten; im übrigen s. § 18 Abs. 2; RFH. **8** 60; RFH. 21. Sept. 1928 — Ve A 237/28 —, Jb. **9** 250; § 3 Anm. 15. Es sind danach nicht steuerfrei: Kapitalzuwendungen, von denen nur die Zinsen zum Unterhalt dienen sollen (RFH. 27. Jan. 1922 — Ia A 158/21 —, Jb. **3** 290) oder die den Bedachten in eine wirtschaftlich günstigere Lage versetzen, ihm selbständige Lebensstellung, wirtschaftliche Unabhängigkeit, Erschließung einer Einnahmequelle ermöglichen sollen (RFH. **7** 30; RFH. 13. Jan. 1922 — Ia A 175/21 —, Jb. **3** 287; RFH. 26. April 1929 — Ve A 629/28 —, Jb. **10** 294); auch nicht, wenn zur Erfüllung der Unterhaltspflicht die Gewährung einer Vierteljahrs- oder Monatsrente genügt hätte (RFH. 13. Jan. 1922 — Ia A 175/21 —, Jb. **3** 287) oder wenn Grund für die Zuw. nur die Besorgnis ist, daß (bei volljährigen, selbständigen Kindern) durch Heranziehung des eigenen Vermögens dieses in wenigen Jahren verbraucht werde (RFH. **8** 60); ferner nicht Barzuwendung zur Beschaffung einer Wohnungseinrichtung, da hier nicht unmittelbare Verwendung zum Unterhalt vorliegt (RFH. **26** 14); nicht, wenn Zuw. nur Ersparung von Ausgaben des Bedachten oder des zu seinem Unterhalt Verpflichteten bezweckt (RFH. 9. Febr. 1922 — VI A 186/21 —, StW. **1** 456). — Zuw. zur Beschaffung einer Wohnung kann u. U. steuerfreie Unterhaltszuw. sein (RFH. **7** 30, **26** 14), ebenso Zuw. zur Deckung von Umzugskosten (RFH. 7. März 1923 — VI A 14/23 —, Jb. **4** 215). — Zuw. einer lebenslänglichen Rente (Rentenstammrecht) nie steuerfrei (RFH. **8** 60; RFH. 3. Mai 1922 — VI A 24/22 —, StW. **1** 756; RFH. 4. Nov. 1930 — Ie A 402/30 —, RStBl. 819). Zuschußrente an verheiratete Tochter kann Ausstattung sein und ist alsdann nur unter den Voraussetzungen des § 3 Abs. 5 befreit, als Unterhaltszuw. bleibt sie nur frei, wenn die Mittel der Tochter und ihres Mannes zur Bestreitung eines angemessenen Unterhalts nicht ausreichen; zudem darf sie nicht über Angemessenheit hinausgehen (RFH. 2. Juli 1926 — Ve A 52/26 —, StW. **5** 550; RFH. 17. April 1928 — Ve A 757/27 —, StW. **7** 600). — Laufende Unterhaltsbeiträge an Eltern sind, wenn nicht die allgemeinen Voraussetzungen für steuerfreie Unterhaltszuw. (Anlaß und Angemessenheit) vorliegen, nicht deshalb steuerfrei, weil der Zuwendende sich aus sittlichen Gründen zur Zuw. gezwungen fühlt (RFH. 21. Sept. 1928 — Ve A 237/28 —, Jb. **9** 250). — Verpflichtung eines Sohnes, aus Erträgen eines vom Vater geschenkten Kapitals seinen Unterhalt zu bestreiten, ist keine geldwerte Gegenleistung; wegen § 1614 BGB. wertlos (RFH. 24. Mai 1922 — VI A 87/22 —, Jb. **3** 292). — Letztwillige Erwerbe oder solche im Sinne von § 2 Abs. 1 Nr. 4 (Vertrag zugunsten eines Dritten) fallen nicht unter die Befreiungsvorschrift (RFH. 3. Mai 1929 — Ve A

906/28 —, StW. **8** 645). — Bei beurkundeten Zuw. braucht Zweckbestimmung nicht angegeben zu sein; die Gesamtumstände des Falles sind entscheidend (RFH. **9** 31). — Unter die Befreiung fallen nur Zuw., die unmittelbar dem Bedachten zugute kommen, nicht solche über eine Stiftung, Personenvereinigung oder dergl. (RFH. 12. April 1921 — Ia A 7/21 —, StW. **1** 206); auch Zweckzuw. zugunsten eines unbestimmten Personenkreises sind keine Unterhaltszuw. (RFH. 22. April 1921 — Ia A 33/21 —, StW. 1 190), wohl aber kann u. U. § 18 Nr. 19 b anwendbar sein. Ausnahmen (nach § 108 Abs. 1 AO. a. F. zugestanden) für Zuw. von Lebensmitteln, Kohlen u. dergl., auch Geld zur Beschaffung von solchen, an Klöster und Anstalten: ErlRFM. 15. Aug. 1921 — III V 5069 — (Jb. **2** 376 zu e). — Schenkweiser Erlaß darlehnsweise gewährten Unterhalts ist nur unter den Voraussetzungen der besonderen Befreiungsvorschrift der Nr. 9 frei (RFH. 28. Okt. 1930 — Ie A 853/29, — DVR. 23, 94).

26. Für Zuw. zur Ausbildung gelten im wesentlichen dieselben Grundsätze wie für Unterhaltszuw., nur ist das Erfordernis der „Angemessenheit" hier nicht Voraussetzung. Keine Befreiung, wenn die Ausbildung auch ohne die Zuw. sichergestellt ist oder die Zuw. nur teilweise zur Ausbildung bestimmt oder im wesentlichen als Vorwegnahme des Erbgangs anzusehen ist (RFH. **3** 223, **26** 2). — Befreiung auch für einmalige Kapitalszuw., auch für solche, die die Ausbildung des Bedachten für später sicherstellen sollen, doch muß Anlaß dazu vorliegen (RFH. 9. Febr. 1922 — VI A 186/21 —, StW. **1** 456). Über die Behandlung einer einheitlichen Zuw. zum Unterhalt und zur Ausbildung: RFH. **26** 2. — Auch für Ausbildungszuw. ist Erfordernis unmittelbare Zuw. an den, dessen Ausbildung gefördert werden soll (RFH. 12. April 1921 — Ia A 7/21 —, StW. **1** 206).

27. Anlaß zur Gewährung von Ruhegehalt muß gegeben sein, z. B. lange Dienstzeit, wenn in absehbarer Zeit damit zu rechnen ist, daß Bedachter seinen Lebensunterhalt durch eigene Arbeit nicht ausreichend wird bestreiten können, weil etwa wegen hohen Alters oder Kränklichkeit des Bedachten oder des Dienstherrn mit Aufhören des Arbeitsverdienstes zu rechnen und dem Bedachten das Aufsuchen anderen Dienstes dann nicht mehr zuzumuten ist (RFH. 20. Sept. 1922 — VI A 156/22 —, StW. **1** 1107). Es muß nach dem Willen des Zuwendenden und den tatsächlichen Umständen eine ohne rechtliche Verpflichtung gewährte Entlohnung vorliegen, nicht offenbare Freigebigkeit (RFH. 27. April 1928 — Ve A 710/27 —, StW. **7** 603). — Bei ruhegehaltsähnlicher Zuw. muß der Stamm der Zuw. zum Verbrauch an Stelle eines Ruhegehalts bestimmt sein, nicht bloß der Ertrag der Zuw. (RFH. 13. Mai 1925 — Ve A 89/25 —, StW. **4** 616). Zum Begriff s. auch RFH. 18. März 1930 — Ie A 788/29 —, StW. **9** 524. — § 18 Abs. 2 gilt nicht für Abs. 1 Nr. 15.

28. Erfüllung vertraglich, etwa laut Gründungsstatut übernommener Verpflichtung zur Zahlung von Zuschüssen an Pensionskassen oder dergl.

ist keine Zuw. (s. entsprechend § 3 Anm. 2), ebenso ist es nicht bloße Absonderung eines Vermögensteils und dessen weitere Verwaltung durch den Betriebsinhaber (RFH. **7** 177). — Rechtsfähigkeit der Kasse nicht erforderlich, aber auch unschädlich; Zweckzuw., z. B. Errichtung unselbständiger Stiftung, genügt (RFH. 21. Juni 1922 — VI A 146/22 —, JW. 1623[23]; RFH. 3. Dez. 1929 — Ie A 792/29 —, RStBl. 1930, 70). — Zum Begriff „Pensionskasse": RFH. **24** 108; daß die Mitglieder regelmäßig Beiträge leisten und die Altersversorgung in Kapitalabfindung besteht, ist unschädlich. — „Eigener Betrieb" auch, wenn aus der Kasse nicht nur Angehörige des Betriebs des Zuwendenden unterstützt werden, sondern auch die Angehörigen eines mit dem Stifter in engen geschäftlichen Beziehungen stehenden, formell selbständigen Unternehmens (RFH. 3. Dez. 1929 — Ie A 792/29 —, RStBl. 1930, 70).

29. „Üblich" = ein Geschenk, das sich im Rahmen dessen hält, was bei Gelegenheiten der in Betracht stehenden Art in den Kreisen der Beteiligten hingegeben zu werden pflegt (RFH. 14. Juni 1922 — VI A 60/22 —, Jb. **3** 295). Der reine Geldwert ist nicht entscheidend, sondern das Gesamtbild des Falles; bei ungewöhnlichem Reichtum des Schenkers können deshalb noch nicht auch ungewöhnliche, hohe Zuw. als üblich gelten (RFH. **18** 110, **25** 213; RFH. 28. Mai 1929 — Ve A 837/28 —, RStBl. 412; RFH. 7. Juni 1929 — Ve A 805/28 —, RStBl. 497). — „Gelegenheitsgeschenk", z. B. Hochzeits-, Jubiläums-, Weihnachtsgeschenk. Die Gelegenheit braucht noch nicht eingetreten zu sein, muß aber in absehbarer Zeit bevorstehen (RFH. 21. Okt. 1927 — Ve A 521/27 —, StW. **6** 603). Ob ein übliches G. vorliegt, ist nach allgemeinem Volksempfinden zu entscheiden (RFH. 10. Okt. 1930 — Ie A 22/30 —, StW. **9** 1262). Auch Zweckzuw. können übl. G. ein (RFH. **12** 39). — Kein übl. G.: Zuw. an Sohn, um ihm Vergünstigungen beim Wareneinkauf zu sichern (RFH. 20. Sept. 1922 — VI A 148/22 —, DVR. **14** 229). — Steuerfreiheit verneint für Zuw. an Angestellten nach 20jähriger Dienstzeit: RFH. 8. April 1930 — Ie A 82/30 —, StW. **9** 525). — Ein die Üblichkeit übersteigendes G. ist in vollem Umfang steuerpflichtig (RFH. **25** 213).

30. Auch im Falle gesetzlicher Erbfolge des Fiskus (§ 1936 BGB.), daher hier „Anfälle".

31. „Gemeinde" = politische Gemeinde.

32. Entscheidung über die Voraussetzungen der Befreiung im Veranlagungs- (Rechtsmittel-) Verfahren wie bei § 18 Nr. 18, 19. — Obwohl hier für Zweckzuw. Sicherung der Verwendung zu dem Zweck nicht vorgeschrieben (vergl. dagegen § 18 Nr. 18 Abs. 1 a. E. und Nr. 19 b a. E.), wird sie wie dort zu verlangen sein; s. Anm. 35, 37.

33. Auch die zu ihrer Vertretung berufenen hohen Stellen, wie bischöfliche Stühle usw. (RFH. 15. Febr. 1922 — VI A 36/20 —, StW. **1** 437). Zuw. an Kirche zu einem bestimmten, ihr auch obliegenden Zweck (z. B. zur

Waisenpflege) ist Zweckzuw. und daher nach dem 2. Teil des Abs. 1 der Vorschrift zu beurteilen (RFH. **1** 20).

34. Zum Begriff „kirchlich" s. § 13 VO. zur Durchf. des KörpStG. v. 17. Mai 1926 (RGBl. I S. 244). — Klöster (Ordensgenossenschaften) können hierunter fallen, wenn sie ausschließlich seelsorglich tätig sind; wenn nicht, kann (falls nicht nur Selbstheiligung ihr Zweck ist) Mildtätigkeit oder Gemeinnützigkeit (Nr. 19) in Frage kommen. — Christliche Liebestätigkeit (Diakonissenanstalt) ist nicht ausschließlich kirchlich (RFH. 10. Okt. 1923 — VI A 69/23 —, StW. **2** 922). — Anwendung bejaht bei Zuw. zur Besoldung von Lehrern und Beamten jüdischer Kultgemeinden (RFH. 18. Okt. 1922 — VI A 54/22 —, StW. **2** 76). — Zuw. zum sog. Peterspfennig werden (im Billigkeitswege) steuerfrei behandelt: ErlRFM. 13. Dez. 1920 — III a 7447 —.

35. Zum Begriff der Zweckzuw. s. § 4 u. unten Anm. 39. Zweckbestimmung muß, um Befreiung zu bewirken, vom Erbl. angeordnet sein; tatsächliche Verwendung zu begünstigtem Zweck genügt nicht (RFH. **1** 10).

36. „Es genügt, wenn die Zwecke im Deutschen Reich verwirklicht werden sollen, wie auch wenn sie dem Deutschen Reich (oder deutschen Reichsangehörigen im Ausland) förderlich sind" (Mirre S. 141 Anm. 7).

37. „An die Sicherung der Verwendung sind nicht zu große Anforderungen zu stellen" (Mirre S. 134 Anm. 46). Formale Kriterien deshalb zu vermeiden, im Einzelfall Anpassung an die gegebenen Verhältnisse ohne besondere Pflicht der Steuerbehörde, die Verwendung auf längere Zeit hinaus nachzuprüfen. Sinn der Vorschrift ist, ohne Engherzigkeit zu prüfen, ob die Verwendung der Zuw. nach ihren Zwecken und gemäß ihrem sonstigen Inhalt sicher zu erwarten steht. Hat der Erbl. einen inländischen Testamentsvollstrecker mit der Ausführung betraut, so genügt dies für die Sicherung; ebenso wenn der Erbl. den mit der Zuw. Beschwerten offenbar mit Rücksicht darauf ausgesucht hat, daß dieser nach seiner Persönlichkeit die bestimmungsgemäße Ausführung gewährleistet, z. B. angesehener Verein (RFH. **1** 57), Treuhandgesellschaft, Bank, Notar, Rechtsanwalt, angesehener Kaufmann als Testamentsvollstrecker oder Beschwerter.

38. Über den Begriff der (ausschließlichen) Mildtätigkeit und Gemeinnützigkeit s. §§ 46 bis 52 RBewVStDB. — Rechtsfähige Familienstiftung kann ausschl. mildtätig oder gemeinnützig sein, da bei Nr. 19 a nicht wie bei 19 b auf einzelne Familien oder bestimmte Personen beschränkte Zuw. ausgeschlossen sind (RFH. 11. Jan. 1929 — Ve A 697/28 —, StW. **8** 417; RFH. 19. April 1929 — Ve A 823/28 —, RStBl. 515); ebenso Landschulheimstiftung (RFH. 11. März 1927 — Ve A 73/27 —, StW. **6** 604); Kunstgewerbeverein mit Verkaufsvermittlung, wenn Ertragsüberschuß satzungsgemäß [redacted]einnützigen Zwecken (Förderung des Kunsthandwerks) dient [redacted]39) Dagegen nicht ausschl. mildtätig oder gemeinnützig: Gesellschaften, Vereine u. dergl., die infolge strenger Aufnahmebedingungen einen auf bestimmte Personen beschränkten Kreis darstellen und deren Mittel lediglich Mitgliedern und ihren Angehörigen zugute kommen, wie Logen (RFH. 31. Mai 1922 — VI A 188/21 —, StW. **1** 751; RFH. 18. Febr. 1930 — Ie A 841/29 —, StW. **9** 526; ebenso nicht Feuerbestattungsvereine (RFH. 2. Juni 1923 — VI A 45/23 —, StW. **2** 660), Pensionskassenvereine für Angehörige mehrerer Firmen (RFH. 14. Febr. 1923 — VI A 11/23 —, RStBl. 400). — Zuw. an juristische Personen zu anderen als ihren Satzungszwecken sind Zweckzuw. (§ 4) und u. U. nach Nr. 19b zu beurteilen (RFH. **1** 20).

39. (s. auch oben zu Anm. 32, 35, 37). Es handelt sich hier um Zweckzuw. (§ 4), bei denen es für die Frage der ausschl. Mildtätigkeit oder Gemeinnützigkeit auf die Person und die Zwecke dessen, der sie ausführen soll, grundsätzlich nicht ankommt, sondern nur auf den vom Zuwendenden bestimmten Zweck.

40. „einzelne Familien", „bestimmte Personen" sind vom Zuwendenden individuell bezeichnete Familien oder Personen (nicht Personenkreise), aus denen die Berechtigten erst zu bestimmen sind (RFH. 11. Febr. 1920 — II A 370/19 —, Jb. **2** 356). — Zuw. „zum Wohle der ganzen Menschheit" fällt nicht unter die Befreiung (RFH. 21. Okt. 1927 — Ve A 452/27 —, StW. **6** 605). Als steuerfrei dagegen anerkannt Zuw. eines Unternehmers an nichtrechtsfähige Reisestiftung seiner Arbeiter (RFH. 4. Jan. 1927 — Ve A 645/26 —, StW. **6** 75).

41. Auch hier wird, wie bei § 18 Nr. 18, 19 ausschließliche Verfolgung des gen. Zwecks durch den Bedachten zu fordern sein; ebenso, daß Bedachter Sitz oder Leitung im Inland hat und der Zweck der Zuw. im Inland oder zugunsten Deutscher im Ausland verwirklicht werden soll. Wegen der Sicherung der Verwendung s. Anm. 37. Das Wort „politisch" bezieht sich auch auf „Vereine". Rechtsfähigkeit ist nicht Voraussetzung der StBefreiung.

42. z. B. Zuw. zur jährlichen Grabschmückung, Meßstipendien u. dergl.

43. s. auch § 3 Anm. 15 und oben bei Anm. 25.

44. Gilt auch für Abs. 1 Nr. 16, wenn das übliche Maß eines Gelegenheitsgeschenks überschritten ist (RFH. **25** 213), und für Nr. 14 bei nur teilweise zur Ausbildung bestimmter Zuw. (RFH. **26** 2).

45. Für das Nebeneinander von § 18 Nr. 1 bis 3 und Nr. 4: RFH. **11** 333, s. oben Anm. 1.

46. Anzuwenden, wenn eine Zuw. eine Steuerbefreiungsgrenze wenig überschreitet; bei Überschreiten einer Wertstufe des § 10 Abs. 1 kommt nur § 10 Abs. 2 in Betracht.

§ 19.

Beiträge an Personenvereinigungen, die nicht lediglich die Förderung ihrer Mitglieder zum Zwecke haben, sind steuerfrei, soweit die von einem Mitglied in einem Kalenderjahre der Vereinigung geleisteten Beiträge 500 Reichsmark nicht übersteigen.[1]) Auf Beiträge an Personenvereinigungen, die ausschließlich kirchliche, mildtätige oder gemeinnützige Zwecke verfolgen, sowie an politische Parteien und Vereine finden die Vorschriften des § 18 Abs. 1 Nr. 18 bis 20 Anwendung.[2])

1. Beiträge an solche Vereinigungen sind grundsätzlich freigeb. Zuw. (s. § 3 Anm. 2); Beiträge an Vereine, die lediglich die Interessen ihrer Mitglieder fördern (z. B. Standesvereine), gelten als Gegenleistung für die vom Verein gebotenen Vorteile. — Pensionsverein für die Angestellten einer Firma verfolgt ausschließlich Zwecke seiner Mitglieder, daher sind die regelmäßigen Beiträge steuerfrei, nur außerordentliche und freiwillige steuerpflichtig (RFH. 14. Febr. 1923 — VI A 11/23 —, StW. **2** 408). — Durch die Herausnahme aus § 18 wird die Vorschrift als Sondervorschrift charakterisiert; § 18 Abs. 1 Nr. 3 findet bei § 19 keine Anwendung.

2. Bei der Unabhängigkeit des § 19 von § 18 nötig, um Schlechterstellung von Beiträgen gegenüber reinen Zuw. zu vermeiden.

§ 20.

Wenn Personen der Steuerklassen I oder II Vermögen anfällt,[1]) das in den letzten 5 Jahren vor dem Anfall von Personen der gleichen Steuerklassen erworben worden ist und der Besteuerung nach diesem Gesetz[2]) unterlegen hat, so bleibt der auf dieses Vermögen[3]) entfallende Steuerbetrag zur Hälfte und, wenn der frühere Steuerfall mehr als 5 Jahre, aber nicht mehr als 10 Jahre hinter dem späteren zurückliegt, zu einem Viertel unerhoben.

1. Auch durch Schenkung unter Lebenden (RFH. **20** 234).

2. ErbStG. 1919 in allen Fassungen einschl. der des vorlieg. Ges. (RFH. **20** 234 u. **25** 147).

3. § 20 auch anwendbar, wenn nur ein Nutzungsrecht an früher angefallenem Stammvermögen auf neuen Erwerber übergeht (RFH. **25** 147). Grundsatz dinglicher Surrogation gilt (RFH. **20** 234); § 20 also z. B. auch anwendbar, wenn jetzt der Verkaufserlös für ein innerhalb der letzten 5 bezw. 10 Jahre durch einen Erwerber der I. oder II. Steuerklasse ererbtes Grundstück an einen Erwerber derselben Steuerklassen vererbt oder verschenkt wird.

II. Teil.

Wertermittlung.

§ 21.

Für die Wertermittlung[1]) ist, soweit in diesem Gesetze nichts anderes bestimmt ist,[2]) der Zeitpunkt des Entstehens der Steuerschuld maßgebend.[3])

1. Für die Bewertung sind grundsätzlich maßgebend die Vorschriften des RBewG. mit den sich aus § 22 ErbStG. und den dazu ergangenen Durchführungsbestimmungen ergebenden Einschränkungen und Ergänzungen. Zur „Wertermittlung" gehört danach sowohl die Abgrenzung der Vermögensarten eines steuerpflichtigen Erwerbs und der zulässigen Abzüge wie die Bewertung im eigentlichen Sinne. Im übrigen s. bei § 22.

2. s. § 13 Abs. 1.

3. s. § 14. Ist der Stichtag nicht genau feststellbar, dann ist er zu schätzen (RFH. **22** 348; RFH. 23. Juli 1927 — Ve A 404/27 —, StW. **6** 606). — Bei Bewertung einer in ausländischer Währung vereinbarten Abfindung für ausländisches Erbteil ist der Kurs vom Tage der Vereinbarung anzusetzen (RFH. 8. April 1930 — Ie A 829/29 —, StW. **9** 527). — Nach dem Stichtag eingetretene Umstände sind grundsätzlich unbeachtlich, wenn auch zuweilen aus ihnen Schlüsse für den Wert am Stichtag gezogen werden können (RFH. 17. Mai 1922 — VI A 115/22 —, Jb. **3** 296).

§ 22.

(1) Auf die Bewertung von Vermögen finden die Grundsätze der Einheitsbewertung (Zweiter Teil des Reichsbewertungsgesetzes) mit folgender Maßgabe entsprechende Anwendung:[1])[2])

1. § 44 Abs. 2 Nr. 3, § 66 des Reichsbewertungsgesetzes finden keine Anwendung. Anteile des Erblassers an offenen Handelsgesellschaften, Kommanditgesellschaften und ähnlichen Gesellschaften des Handelsrechts, bei denen er als Unternehmer (Mitunternehmer) anzusehen ist, gelten nach Maßgabe des § 98 Abs. 2 der Reichsabgabenordnung als Betriebsvermögen des Erblassers; entsprechendes gilt für Gegenstände oder Anteile an Gegenständen, die im Eigentum des Erblassers stehen und dem Betrieb einer Gesellschaft dienen.
2. § 58 Abs. 1 Nr. 1 Satz 2, 3 finden keine Anwendung.

3. In Abweichung von § 58 Abs. 1 Nr. 5, 6 unter a, 8, 9, Abs. 2 gelten die dort genannten Gegenstände ohne Rücksicht auf die Dauer der Rechte, auf den Wert oder den Betrag als sonstiges Vermögen.
4. In Abweichung von § 58 Abs. 1 Nr. 10 gelten Kunstgegenstände und Sammlungen ohne Rücksicht auf Anschaffungszeit, Wert und Herkunft als sonstiges Vermögen.
5. In Abweichung von § 59, § 44 Abs. 3 gelten die dort genannten Gegenstände als sonstiges Vermögen, sofern sie nicht wegen ihrer Zugehörigkeit zu landwirtschaftlichem, forstwirtschaftlichem oder gärtnerischem Vermögen, zu Betriebsvermögen oder zu Grundvermögen diesen Vermögensarten zuzurechnen sind.
6. In Abweichung von § 60 unterbleibt die Festsetzung von Steuerkurswerten.
7. In Abweichung von § 63 werden Gegenstände der dort genannten Art mit dem vollen Kurswert oder Verkaufswert angesetzt.
8. § 65 findet keine Anwendung.
9. In Abweichung von § 67 Abs. 1 Nr. 3 ist ein Dreimonatsabzug nicht zulässig. Werden jedoch an den Erblasser vorausbezahlte Gehälter, Löhne und sonstige Bezüge nachträglich mit Ansprüchen der Erben auf Gnadengeld verrechnet, so ist der verrechnete Betrag vom Nachlaß abzuziehen.
10. In Abweichung von § 68 findet eine Zusammenrechnung von Vermögen nicht statt.

(2) Für landwirtschaftliche, forstwirtschaftliche und gärtnerische Betriebe, für Grundstücke und Betriebsgrundstücke ist der nach den Vorschriften des Reichsbewertungsgesetzes auf den dem Zeitpunkt des Entstehens der Steuerschuld unmittelbar vorausgehenden Feststellungszeitpunkt festgestellte Einheitswert (§ 20 Abs. 2 des Reichsbewertungsgesetzes) zugrunde zu legen. Ergibt sich jedoch aus dem Stande beim Entstehen der Steuerschuld, daß sich der nach Satz 1 an sich maßgebende Einheitswert um mehr als den zwanzigsten Teil oder um mehr als fünfundzwanzigtausend Reichsmark verändert hat, so ist der Wert nach den Verhältnissen im Zeitpunkt des Entstehens der Steuerschuld unter entsprechender Anwendung der Grundsätze der Einheitsbewertung

(Zweiter Teil des Reichsbewertungsgesetzes) festzustellen; Wertveränderungen, die auf allgemeiner Veränderung der Wirtschaftsverhältnisse beruhen, führen nicht zu einer solchen Feststellung. Bildet nur ein Teil einer wirtschaftlichen Einheit den Gegenstand der Bewertung, so gilt als sein Wert der Teilbetrag des Einheitswerts, welcher der wirtschaftlichen Bedeutung des Teiles für die Einheit entspricht. Bei den Feststellungen nach Satz 2, 3 sind die für die Feststellung der Einheitswerte geltenden Verfahrensvorschriften der Reichsabgabenordnung (z. B. § 31 Abs. 1 Nr. 1, § 72 Nr. 1, § 213 Abs. 2, §§ 214, 228) entsprechend anzuwenden.

1. Die Anwendung der „Grundsätze" der Einheitsbewertung, des Zweiten Teils des RBewG. in der neuen Fassung v. 22. Mai 1931 (RGBl. I S. 222), soll nur eine „entsprechende" sein. Dieser Teil des RBewG. betrifft die Bewertung (Wertermittlung: § 21 Anm. 1 Satz 2) des Vermögens eines Steuerpflichtigen, der einer Einheitswertsteuer (§ 20 Abs. 2 RBewG.), also einer periodisch zu erhebenden Vermögensteuer unterliegt. Die ErbSt. gehört, als eine Steuer auf die durch einen einmaligen Rechtsvorgang (Anfall von Todes wegen oder Schenkung unter Lebenden) eintretende Bereicherung einer Person, nicht zu den Einheitswertsteuern im Sinne des RBewG. Um dessen, Vorschriften auch nur in seinen „Grundsätzen" heranziehen zu können, kann seine Anwendung auf die ErbSt. somit nur eine „entsprechende" sein. Der vorgenannte wesentliche Unterschied in dem steuerpflichtigen Vorgang der Einheitswertsteuern und der ErbSt. (Vorhandensein eines bestimmten Vermögens in bestimmter Hand zu bestimmten Zeitpunkten einerseits und Vermögensübergang andererseits) bedingt die unter den Nrn. 1 bis 10 des § 22 Abs. 1 aufgezählten Ausnahmen von den „Grundsätzen" der Einheitsbewertung. Darüber hinaus aber haben die Vorschriften über die Einheitsbewertung auch insoweit keine Geltung für die ErbSt., als sie mit dem Wesen der ErbSt. nicht vereinbar sind oder besonderen Vorschriften des ErbStG., wie dessen §§ 8, 23 hinsichtlich der Begrenzung des steuerpflichtigen Erwerbs, widersprechen. Subsidiär gelten die Vorschriften des Ersten — allgemeinen — Teils des RBewG., der an die Stelle der früher in der AO. enthaltenen materiellen Bewertungsvorschriften getreten ist, und zwar mittelbar, soweit für die ErbSt. geltende Vorschriften des Zweiten Teils des RBewG. auf sie verweisen (vergl. § 20 Abs. 1 Halbsatz 2 daselbst), und unmittelbar, soweit die Anwendung der Vorschriften über die Einheitsbewertung in § 22 ErbStG. ausdrücklich ausgeschlossen oder mit den Besteuerungsgrundsätzen der ErbSt. nicht vereinbar ist.

Kritische Würdigung der erbschaftsteuerlichen Bewertung: Schachian in StW. 1931 Heft 11.

2. Zusammengefaßt sind die für die Bewertung maßgebenden Vorschriften in den an Verweisungen überreichen „Bestimmungen zur Durchführung der Wertermittlung bei der ErbSt." (ErbStDB. 1931) v. 25. Juni 1931 (RGBl. I S. 347). Ihre Grundlagen sind materiell-rechtlich außer dem ErbStG. und dem RBewG., die zu dessen Durchführung ergangenen Verordnungen, insbesondere die RBewBStDB. 1931 v. 22. Mai 1931 (RGBl. I S. 252), verfahrensrechtlich die AO. v. 22. Mai 1931 (RGBl. I S. 161) und die dazu ergangene Steuerausschußordnung v. 22. Mai 1931 (RGBl. I S. 267). Soweit es sich um die eigentliche Bewertung handelt (s. § 21 Anm. 1 Satz 2), kann man die Grundregeln, die für den zur Steuererklärung Verpflichteten in erster Linie eine Rolle spielen, dahin zusammenfassen: Für Grundbesitz jeder Art einschließlich der Betriebsgrundstücke ist grundsätzlich der am ErbStStichtag für die Vermögensteuer maßgebende Einheitswert anzusetzen, für alles übrige Vermögen grundsätzlich der gemeine Wert. Im einzelnen ergeben sich für die verschiedenen Vermögensarten als hauptsächliche Besonderheiten:

a) Landwirtschaftliches, forstwirtschaftliches und gärtnerisches Vermögen. Übernahme des Einheitswerts, jedoch besondere Wertfeststellung auf den ErbStStichtag nach den Grundsätzen der Einheitsbewertung, wenn ein Einheitswert nicht vorliegt oder dieser sich vom Feststellungszeitpunkt bis zum ErbStStichtag um mehr als den zwanzigsten Teil oder um mehr als 25 000 RM. verändert hat, in besonderem Feststellungsverfahren (s. unter g). Näheres über die Umgrenzung und Bewertung des landwirtschaftlichen usw. Vermögens s. §§ 4, 5 ErbStDB. in Verbindung mit §§ 27 bis 43 RBewG. und §§ 2 bis 8, § 45 Abs. 1 RBewBStDB.

b) Betriebsvermögen ist grundsätzlich — mit nachstehenden Ausnahmen — mit dem nach dem allgemeinen Teil des RBewG., insbesondere dessen §§ 9, 10, 14 auf den ErbStStichtag festgestellten gemeinen Wert anzusetzen. Nur für Betriebsgrundstücke grundsätzlich Übernahme des Einheitswerts, besondere Stichtagbewertung unter den zu a angegebenen Voraussetzungen. Wertpapiere und sonstige Anteile und Genußscheine an Gesellschaften der in § 44 Abs. 2 Nr. 1 RBewG. genannten Art sowie Geschäftsguthaben bei Genossenschaften werden als Betriebsvermögen wie sonstiges Vermögen (s. unter d) bewertet. Hervorzuheben ist, daß abweichend von der Einheitsbewertung (§ 44 Abs. 2 Nr. 3, § 66 RBewG.), Anteile des Erbl. (Schenkers) an off. HG., Komm.G. und ähnlichen Gesellschaften des Handelsrechts, bei denen er als Unternehmer (Mitunternehmer) anzusehen war, als Betriebsvermögen des Erbl. gelten. Einzelheiten s. §§ 6 bis 8 ErbStDB., §§ 27, 44 Abs. 1, 2, §§ 45, 47, 50 RBewG., §§ 10, 11 RBewBStDB.

c) Grundvermögen (hauptsächlich Wohngrundstücke, Bauland). Grundsätzlich Übernahme des Einheitswerts, Stichtagbewertung nur unter den zu a angegebenen Voraussetzungen. EinhW. (bezw. Stichtagwert) ist bei ortsüblich bebauten oder gewerblichen Zwecken dienenden Grundstücken der Ertragswert, bei allen übrigen bebauten oder unbebauten Grundstücken der gemeine Wert. Bei zwangsbewirtschafteten Grundstücken bemißt sich der Ertragswert nach einem Vielfachen der Jahresrohmiete; die LFA. können statt dessen Bemessung nach einem Vielfachen der Friedensmiete und für Villen u. dergl. mit einem Hundertsatz des Wehrbeitragswerts allgemein anordnen, auch für Bezirke und Grundstücksgruppen Normalsätze (mit gewissem Spielraum für Einzelfälle) aufstellen. Nicht zwangsbewirtschaftete bebaute Grundstücke werden, wenn sie ortsüblich bebaut, mit dem tatsächlichen Ertragswert oder (nach Wahl des Steuerpflichtigen oder des FA.) mit dem von der Jahresrohmiete usw. (wie vor) abgeleiteten Wert bewertet. Für unbebaute Grundstücke gilt immer der gemeine Wert. Grundstücke, deren Erhaltung im öffentlichen Interesse liegt, werden mit einem Hundertsatz des nach Art des Grundstücks sonst maßgebenden Werts bewertet. Einzelheiten s. § 9 ErbStDB., §§ 27, 54 bis 57, § 69 RBewG., §§ 15 bis 33, § 45 Abs. 1 RBewVStDB.

d) Sonstiges Vermögen, d. h. alles nicht zu a bis c zu rechnendes Vermögen; eine die Anwendung der §§ 58, 59 RBewG. ausschließende, aber nicht erschöpfende Aufzählnng enthält § 10 ErbStDB. Zu bewerten ist mit dem gemeinen Wert, jedoch sind (§ 11 ErbStDB.): Wertpapiere, sonstige Anteile und Genußscheine an Gesellschaften der in § 44 Abs. 2 Nr. 1 RBewG. genannten Art und Geschäftsguthaben bei Genossenschaften mit dem Börsenkurswert oder Verkaufswert vom ErbStStichtag (kein Steuerkurs!) zu bewerten, bewegliche Gegenstände, deren Erhaltung im öffentlichen Interesse liegt, mit nur 40 v. H. und wenn sie Zwecken der Forschung oder Volksbildung nutzbar gemacht werden, mit nur 20 v. H. des gemeinen Werts. Die Bewertung von Renten und anderen Nutzungen und Leistungen regelt § 45 Abs. 2, 3 RBewVStDB.

e) Ausländisches Vermögen ist nach den allgemeinen Vorschriften des RBewG., nicht nach den Grundsätzen der Einheitsbewertung zu bewerten. Maßgebend ist der gemeine Wert (§§ 27, 9 RBewG.).

f) Schulden und Lasten. Soweit sie in wirtschaftlicher Beziehung zu Betriebsvermögen stehen, werden sie von diesem unmittelbar, sonst vom gesamten Rohnachlaß abgesetzt. Was im einzelnen abzugsfähig ist und was nicht, bestimmen § 23 ErbStG. und § 13 ErbStDB. Nicht abzugsfähig sind insbesondere Nachlaßverbindlichkeiten, die in wirtschaftlicher Beziehung zu steuerfreien Nachlaßteilen stehen, die Rentenbank- und Industriebelastung (mit Ausnahme rückständiger Leistungen), der sog. Dreimonatsabzug. Bewertung nach den allgemeinen Vorschriften des RBewG., für Rentenverpflichtungen u. dergl. gilt jedoch § 45 Abs. 2, 3 RBewVStDB. (§ 14 ErbStDB.).

g) Bewertungsverfahren nach Maßgabe der AO. Bewertung ist — mit nachstehender Ausnahme — ein Teil des ordentlichen

Veranlagungsverfahrens bei dem für den Erbfall (die Schenkung) zuständigen FA., soweit für Grundbesitz aber nicht nur Übernahme des Einheitswerts, sondern Stichtagbewertung nach den Grundsätzen der Einheitsbewertung in Frage kommt (s. oben zu a bis c), in gesondertem Feststellungsverfahren beim BelegenheitsFA. unter Mitwirkung des Steuerausschusses vorzunehmen, s. § 22 Abs. 2 Satz 4 ErbStG., § 1 Nr. 2, § 15 ErbStDB.

h) Rechtsprechung zu Einzelfragen erbsteuerlicher Bewertung: Soweit für Grundbesitz die Benutzungsart für die Bewertung entscheidend, kommt nur die in der Hand des Erbl. in Betracht (RFH. 20. März 1928 — Ve A 488/27 —, StW. **7** 606). — Solange über einen Antrag auf Stichtagbewertung für Grundbesitz nicht im gesonderten Feststellungsverfahren entschieden, ist nur vorläufige Veranlagung der ErbSt. möglich (RFH. 4. Nov. 1930 — Ie A 387/30 —, RStBl. 818). Daß der EinhW.-Bescheid noch nicht rechtskräftig ist, hindert nicht, den EinhW. der ErbSt.Festsetzung zugrunde zu legen (RFH. 21. April 1931 — Ie A 156/31 —, RStBl. 396). — Zum Begriff der Betriebseinnahmen und -ausgaben: RFH. **26** 307. — Bewertung eines Grundstücks für den Erben, wenn Erbl. einem Dritten ein Kaufrecht einräumte: RFH. 18. Juni 1929 — Ve A 925/28 —, StW. **8** 648; Bew. des Kaufrechts beim Dritten: RFH. 29. Okt. 1926 — Ve A 602/26 —, StW. **5** 620; RFH. 19. April 1929 — Ve A 824/28 —, StW. **8** 538. — Bew. eines Pachtinventars: RFH. **12** 333. Bew. eines Nießbrauchs an Landgut: RFH. 20. Mai 1930 — Ie A 796/29 —, StW. **9** 811; RFH. 24. Juni 1930 — Ie A 41/30 —, RStBl. 591; RFH. 23. Sept. 1930 — Ie A 202/30 —, StW. **9** 1302. Niedriger Pachtpreis als Minderung eines Nießbrauchswerts: RFH. 26. April 1929 — Ve A 715/28 —, StW. **8** 537. — Bew. eines Altenteils: RFH. **12** 131; RFH. 30. Sept. 1927 — Ve A 476/27 —, StW. **6** 607. — Bew. schlecht verzinslicher oder lange unkündbarer Forderungen (Lasten): RFH. 17. Dez. 1929 — Ie A 787/29 —, StW. **9** 278; RFH. 6. Mai 1930 — Ie A 888/29 —, StW. **9** 677; RFH. 20. Mai 1930 — Ie A 807/29 —, StW. **9** 813. — Jahreswert nicht feststehender Nutzungen einer Geldsumme: RFH. 16. Dez. 1930 — Ie A 228/30 —, RStBl. **31** 211 (Normalertrag 5,5 v. H.). — Gesamtwert einer auf bestimmte Zeit beschränkten Rente: RFH. 27. Jan. 1931 — Ie A 264/30 —, RStBl. 294. — Bew. eines Gesellschaftsanteils des Erbl., wenn Erben nach Gesellschaftsvertrag noch an Gewinn und Verlust des laufenden Geschäftsjahrs teilnehmen: RFH. 1. Okt. 1926 — Ve A 534/26 —, StW. **6** 162; RFH. 25. April 1930 — Ie A 889/28 —, StW. **9** 618. — Bew. eines Anteils an KommG.: RFH. **12** 30. — Bew. auf Lebenszeit eingeräumten Nießbrauchs an KommG.-Anteil: RFH. 13. Mai 1930 — Ie A 56/30 —, StW. **9** 621. Bew. eingeräumter Unterbeteiligung an GmbH.: RFH. **10** 237. Bew. einer in Auslandswährung vereinbarten Abfindung für Erbteil an ausländischem Nachlaß: RFH. 8. April 1930 — Ie A 829/29 —, StW. **9** 527.

§ 23.

(1) Als Erwerb gilt, soweit nichts anderes vorgeschrieben ist, der gesamte Vermögensanfall an den Erwerber.[1]) Bei der Zweckzuwendung tritt an die Stelle des Anfalls die Verpflichtung des Beschwerten.[2])

(2) Die infolge des Anfalls durch Vereinigung von Recht und Verbindlichkeit oder von Recht und Belastung erloschenen Rechtsverhältnisse gelten als nicht erloschen.[3])

(3) Die Anwartschaft eines Nacherben gehört nicht zu seinem Nachlaß.[4])

(4) Von dem Erwerbe sind insbesondere [5]) abzuziehen

1. die Kosten der Bestattung [6]) des Erblassers einschließlich der Kosten der landesüblichen kirchlichen und bürgerlichen Leichenfeierlichkeiten [7]) und der Kosten eines angemessenen Grabdenkmals; [8])
2. die im Falle der Todeserklärung des Erblassers dem Nachlaß zur Last fallenden Kosten des Verfahrens;
3. die Kosten der Eröffnung einer Verfügung des Erblassers von Todes wegen, die gerichtlichen und außergerichtlichen Kosten der Regelung des Nachlasses,[9]) die Kosten der gerichtlichen Sicherung des Nachlasses, einer Nachlaßpflegschaft, des Aufgebots der Nachlaßgläubiger und der Inventarerrichtung;
4. die Kosten eines für den Nachlaß oder wegen des Erwerbes geführten Rechtsstreits.

(5) Schulden und Lasten, die in wirtschaftlicher Beziehung zu nichtsteuerbaren Teilen des Erwerbes stehen, sind nicht abzuziehen. Beschränkt sich die Besteuerung auf einzelne Vermögensgegenstände (§ 8 Abs. 1 II, Abs. 3), so sind nur die in einer wirtschaftlichen Beziehung zu diesem Teile des Erwerbes stehenden Schulden und Lasten abzugsfähig.[10])

(6) Verbindlichkeiten aus Pflichtteilsrechten können nur insoweit abgezogen werden, als der Anspruch auf den Pflichtteil geltend gemacht wird.[11])

(7) Die Erbschaftsteuer wird nicht abgezogen.[12])

(8) Ist eine Zuwendung unter einer Auflage gemacht, die in Geld veranschlagt werden kann, so ist die Zuwendung nur insoweit steuerpflichtig, als sie den Wert der Leistung des Be-

schwerten übersteigt, es sei denn, daß die Leistung dem Zwecke der Zuwendung dient.[13])

1. „Erwerb" ist das nach §§ 21 bis 23 in Verbindung mit den Vorschriften des RBewG. bewertete angefallene Vermögen im Sinne der genannten Vorschriften abzüglich der nach diesen abziehbaren und zu bewertenden Schulden und Lasten (RFH. 21. Mai 1931 — I D 1/30 —, Bd. **29**). Besteuert wird die Vermögensvermehrung des einzelnen Erwerbers, dessen Bereicherung, die herbeigeführt wird durch einen und denselben steuerpflichtigen Anfall. — Was im Falle des § 2 Abs. 1 Nr. 4 dem Dritten unmittelbar zufällt, wird ohne sein Zutun sein Vermögen und bleibt es solange, als er den Erwerb nicht rechtswirksam, d. h. vor der Annahme zurückweist (RFH. 3. Febr. 1931 — Ie A 201/30 —, RStBl. 535). — Gleichzeitiger Fid.= und Allodialanfall gilt als Gesamtanfall (RFH. **1** 258). — Über Berechnung des Erbteils bei Vorliegen einer Teilungsanordnung, bei Ausgleichung von Zuw. und bei Beteiligung des Erbl. an Gütergemeinschaft, Berechnung des Pflichtteils: RFH. 21. Mai 1931 — I D 1/30 — Bd. **29**; auszugehen ist von den nach bürgerlich=rechtlichen Grundsätzen maßgebenden Anteilen. — Die an dem Gegenstand des Erwerbs bereits bestehende oder mit dem Anfall entstehende familienrechtliche Nutzung (z. B. gesetzliche Nutzung des Vaters an einer Erbschaft seines minderjährigen Kindes) bleibt als Anfall oder Last unberücksichtigt (RFH. **3** 249; RFH. 27. Sept. 1922 — VI A 189/21 —, StW. **1** 1101; RFH. **23** 166). — Die auf Grund landesrechtlicher Güterrechte beim Tode eines Ehegatten entstehenden Nutzungsrechte des überlebenden haben meist erbrechtlichen Charakter (z. B. nach württemb. Errungenschaft, nach Mainzer Landrecht, s. § 5 Anm. 1) und sind alsdann zu berücksichtigen. — Erwerb bei Zuwendungen aus dem Gesamtgut fortgesetzter Gütergemeinschaft unter Berücksichtigung der Ausgleichspflicht: RFH. 23. Sept. 1930 — Ie A 280/30 —, StW. **9** 1263. — Vorweggenommene Erbauseinandersetzung durch Überlassung eines Guts mit Verzicht auf einen Kaufpreisteil: RFH. 24. Febr. 1931 — Ie A 15/31 —, RStBl. 296. — Übergang des Anteils eines verstorbenen off. HGesellschafters auf Mitgesellschafter: s. § 2 Anm. 1 a. E. — Vermächtnis eines Kaufrechts (als Erwerb und als Belastung des Erben): RFH. 29. März 1922 — VI A 49/22 —, StW. **1** 646; RFH. **12** 278; RFH. 29. Okt. 1926 — Ve A 602/26 —, StW. **5** 620; RFH. 19. April 1929 — Ve A 824/28 —, StW. **8** 538; RFH. 18. Juni 1929 — Ve A 925/28 —, StW. **8** 648. — Erwerb bei einer von A. zugunsten des B. auf Ableben des C. abgeschlossenen Lebensversicherung ist die Versicherungssumme (RFH. **23** 242). — Erwerb des überlebenden Ehegatten aus Lebensversicherung des Erbl., der mit ihm in Gütergemeinschaft lebte, ist die ganze Versicherungssumme (RFH. 19. Sept. 1923 — VI A 55/23 —, StW. **2** 918). — Rückwirkende Zinsverpflichtung als zusätzliche Bereicherung: RFH. 27. April 1928 — Ve A 86/28 —, StW. **7** 590; RFH. **25** 250. — Übergang

des juristischen Eigentums an vom Erbl. als Treuhänder besessenen Grundbesitz auf den Treugeber ist für diesen kein Erwerb (RFH. 8. April 1930 — Ie A 51/30 —, StW. **9** 617). — Erbauseinandersetzungsergebnis für die Besteuerung grundsätzlich ohne Belang; doch sind ernstlich gemeinte Vergleiche über strittige Erbfragen anzuerkennen (s. § 1 Anm. 1 Abs. 2). — Wird bei Erbauseinandersetzung einem Beteiligten zur Abfindung ein zeitlich beschränkter Nießbrauch und für später ein Altenteil eingeräumt, so ist der Erwerb regelmäßig als einheitlicher, auch hinsichtlich des Altenteils unbedingt angefallener zu behandeln (RFH. 17. Febr. 1931 — Ie A 291/30 —, RStBl. 311). — Bei einer Berechtigung (Nießbrauch) muß die Höhe der Bereicherung nicht gleich der Höhe der Last sein (RFH. 12. Mai 1931 — Ie A 55/31 —, RStBl. 540). — Erwerb bei Zuw. künftigen Versteigerungserlöses: RFH. 16. Juni 1928 — Ve A 216/28 —, StW. **7** 598. — Immaterielle Werte: RFH. **26** 285; RFH. 27. Mai 1930 — Ie A 888/28 —, RStBl. 450. — In ausländischer Währung vereinbarte Abfindung für Verzicht auf Erbanteil im Ausland befindlichen Nachlasses: RFH. 8. April 1930 — Ie A 829/29 —, StW. **9** 527. — s. auch § 9 Anm. 2, 7.

2. Richtiger wäre „Wert der Verpflichtung" (nach dem Inhalt der Zuw.) für die Erreichung des Zwecks (vergl. § 4).

3. z. B. Vererbung einer Hypothekenforderung an den Schuldner. — Berücksichtigung einer Nachlaßforderung an zahlungsunfähigen Miterben: RFH. **1** 102. — Beerbung des mit einer Nutzung Belasteten durch den Nutzungsberechtigten: RFH. **2** 8. Zuw. der Substanz an schon Nutzungsberechtigten: RFH. 13. Mai 1930 — Ie A 56/30 —, StW. **9** 621. — Aufzuwertendes Einbringen der erbenden Witwe des Erbl.: RFH. 27. Mai 1930 — Ie A 831/29 —, StW. **9** 812.

4. s. hierzu § 2 Abs. 2 Nr. 5 und § 7 Abs. 2.

5. Vergl. auch § 13 ErbStDB. — Aufgeführt sind z. B. nicht die (auch die Bereicherung des Erwerbers mindernden) vom Erbl. herrührenden Schulden und auf Nachlaßgegenständen ruhenden dinglichen Lasten. — Kosten der letzten Krankheit des Erbl. sind dann keine Nachlaßverbindlichkeit, wenn sie im Rahmen gesetzlicher Unterhaltspflicht (z. B. vom unterhaltspflichtigen Ehemann oder Vater der Erbl.) gezahlt wurden und kein Rückgriffsrecht nach § 1602 BGB. besteht (RFH. 25. Nov. 1927 — Ve A 578/27 —, Jb. **8** 236). — Verjährte Schulden sind als zweifelhafte Last anzusehen (RGZ. in JW. **18** 736 [5]); abzuziehen, wenn sie erfüllt oder (bei Schuld gegen Miterben) bei der Auseinandersetzung anerkannt werden (RFH. 9. März 1922 — VI A 2/21 —, StW. **1** 642). — Erfüllung „natürlicher" Verbindlichkeit durch Testamentsvollstrecker wegen § 2205 BGB. zu berücksichtigen (RFH. 15. Febr. 1922 — VI A 36/20 —, StW. **1** 441). — Nicht erfülltes ungültiges Schenkungsversprechen des Erbl. keine Nachlaßverbindlichkeit (RFH. **4** 13; RFH. 29. März

1922 — VI A 136/21 —, StW. **1** 654). — Entstehung und Fälligkeit von Lasten: RFH. 17. Dez. 1929 — Ie A 787/29 —, StW. **9** 278. — Rentenbankgrundschuld, Industriebelastung und Aufbringungsschuld keine Nachlaßverbindlichkeiten, aber rückständige Beträge abzugsfähig (§ 13 Abs. 2 Nr. 2, 3 ErbStDB.). — Vergütung für Vormundschaftsführung über Erbl. nicht ohne weiteres Nachlaßverb.: RFH. 17. Sept. 1926 — Ve A 271/26 —, StW. **6** 164.

6. Einschl. erstmaliger Grabherrichtung; auch Kosten der Grabstätte (RFH. 30. Dez. 1920 — Ia A 19/20 —, StW. **1** 186). Grabpflege nur, wenn vom Erbl. als Auflage (Abs. 8) angeordnet. — Bei Fortsetzung ehelicher Gütergemeinschaft und Anwendung von § 5 Abs. 1 sind Bestattungskosten des verstorbenen Gatten nur zur Hälfte Nachlaßverbindlichkeit (RFH. 26. Juli 1929 — Ve A 493/28 —, RStBl. 515).

7. Wenn vom Erbl. angeordnet (Auflage: Abs. 8), auch die Kosten der über das Landesübliche hinausgehenden Leichenfeierlichkeiten. Kosten der Trauerkleidung abziehbar (RFH. **11** 88).

8. Angemessenheit des Grabmals richtet sich nach der Lebensstellung des Erbl. und seiner Bedeutung für die Familie und andere Personenkreise, nicht nach dem hinterlassenen Vermögen und der Ortssitte (RFH. 27. Jan. 1922 — Ia A 123/21 —, StW. **1** 449).

9. Testamentsvollstreckervergütung ist, soweit sie angemessene Gegenleistung für die Amtsführung, reine Nachlaßverbindlichkeit. Ist letztwillig keine Bestimmung getroffen, so hat der Testamentsvollstrecker nach § 2221 BGB. einen Anspruch auf angemessene Vergütung, und zwar steuerfrei. Ist letztwillig eine Vergütung ausgesetzt, so bildet sie demnach eine abzugsfähige Nachlaßverbindlichkeit und kann beim Empfänger nicht als steuerpflichtiger Anfall behandelt werden, es sei denn, daß sich aus unangemessener Höhe der Vergütung ein Vermächtniswille des Erbl. ergibt (§ 1939 BGB., KommRGR. Anm. 1 zu § 2221; RFH. **2** 221). — „Nachlaßregelung" weit auszulegen (RFH. **9** 77); z. B. Kosten für Grundstücksumschreibung auf Erben, für einen Erbschein, für Eintragung einer zur Bezahlung von Nachlaßschuld oder ErbSt. aufgenommenen Hypothek (RFH. **9** 77), für die Erfüllung von Vermächtnissen (RFH. **1** 124); n i c h t: Kosten für Beistandsleistung zur Erfüllung der Erbenverpflichtungen vor Gericht und Steuerbehörden (RFH. 27. Jan. 1922 — Ia A 213/21 —, StW. **1** 450; nach dieser Entsch. gehört zur N. alles, was geschieht, um das hinterlassene Vermögen in einen von den Beziehungen zum Erbl. unabhängigen Zustand zu bringen). — Kosten der Erfüllung eines Schenkungsversprechens sind von der Bereicherung des Beschenkten nur abzuziehen, wenn und soweit er die Kosten vertraglich übernommen hat (RFH. **1** 59, **25** 250).

10. Keine anteilige Verteilung (auf steuerpflichtige und steuerfreie Gegenstände) derjenigen Schulden, die nicht in b e s o n d e r e r wirtschaftlicher Beziehung zu bestimmten Nachlaßteilen stehen, sondern dann Abzug voll vom steuerpflichtigen Nachlaß (RFH. **9** 77). Wirtschaftliche Beziehung z. B. dingliche Haftung, Geschäftsschuld.

11. Vergl. § 2 Abs. 1 Nr. 1 und Anm. 3 zu § 2.

12. d. h. die aus dem Steuerfall sich ergebende; wegen der ausländischen s. § 8 Abs. 2.

13. Einheitliche Zweckzuw. s. vorstehende Anm. 2 und § 4 Anm. 1. Stiftungsanordnungen sind keine Auflagen im Sinne dieser Vorschrift (RFH. 13. Dez. 1926 — Vc A 141/25 —, Jb. **7** 220; RFH. 12. Mai 1931 — Ic A 164/30 —, RStBl. 539).

§ 24.

Hat der Erwerber nach Vollendung des 15. Lebensjahres im Haushalt oder im Betriebe des Erblassers ohne Barlohn [1]) Dienste geleistet [2]) und dadurch eine fremde Arbeitskraft erspart, so wird auf Antrag [3]) ein der Arbeit und der Dienstzeit angemessener Betrag von dem Anfall abgezogen. [4])

1. Gesetzlich wäre keine Möglichkeit der Anwendung der Vorschrift, wenn überhaupt Barlohn in irgendeiner Form gezahlt wurde (RFH. 10. Febr. 1931 — Ie A 288/30 —, StW. **10** 491), im Billigkeitswege wird jedoch „ohne Barlohn" ausgelegt als „ohne angemessenen Barlohn", laut Regierungserklärung im Reichstag (ErlRFM. 22. Sept. 1925 — III erb 1400 —). Zum Begriff des Barlohns RFH. **24** 278.

2. Auch gelegentliche oder aushilfsweise Dienste (RFH. 13. Nov. 1925 — Ve A 260/25 —, StW. **5** 507). Auch Dienste verheirateter Kinder bei den Eltern (RFH. **16** 236); jedoch dann nicht, wenn diese mit jenen gemeinsamen Haushalt führen (RFH. 23. Okt. 1925 — Ve A 158/25 —, Jb. **6** 242). Auch Dienste, die ein Erbeserbe des Erbl. in dessen Haushalt oder Betrieb geleistet hat (RFH. **24** 278). Auch solche, die Erwerber schon vor früheren Zuw. des Erbl. oder Schenkers geleistet, damals aber nicht zum Abzug geltend gemacht hat (RFH. **26** 20). Dienstleistungen von Eltern im Haushalt oder Betrieb eines verstorbenen Kindes sind erst von der Volljährigkeit des Kindes an abzugsfähig (RFH. **18** 333).

3. Antrag an keine Frist gebunden, jedoch nur bis zur Rechtskraft der Veranlagung zulässig (RFH. **26** 20 u. RFH. 25. Juni 1930 — Ie A 18/30 —, RStBl. 591). FA. hat den Erwerber auf Antragsmöglichkeit hinzuweisen, wenn Sachverhalt Anlaß dazu bietet (RFH. 7. Dez. 1928 — Ve A 654/28 —, StW. **8** 176).

4. Der Anwendung des § 24 steht bei Kindern als Erwerbern der § 1617 BGB. nicht entgegen (RFH. **9** 197; RFH. 15. März 1929 — Ve A 732/28 —,

Jb. **10** 274). — Bei Pflegediensten kann Konkurrenz mit § 18 Abs. 1 Nr. 11 vorliegen, doch ist nur eine der beiden Vorschriften anzuwenden (RFH. 10. Febr. 1931 — Ie A 288/30 —, StW. **10** 491). — Abzug keine Nachlaßverbindlichkeit; § 24 ist lediglich Billigkeitsnorm; Anwendung von § 36 auf ihn ausgeschlossen (RFH. **18** 333). — Den angemessenen Betrag setzt Steuerbehörde nach freiem Ermessen (§ 11 AO.) fest. Gegenstand des Abzugs ist, was einerseits Erbl. (Schenker) durch die Dienstleistungen des Erwerbers an Ausgaben erspart, andererseits dem Erwerber an Verdienst entgangen; in der Regel ist vom ortsüblichen Barlohn auszugehen, Verpflegung, Bekleidung, Wohnung bleiben unberücksichtigt, dagegen nicht mit Rücksicht auf die Dienste gewährtes Taschengeld (RFH. 15. Jan. 1926 — Ve A 366/25 —, StW. **5** 70; RFH. 2. Dez. 1930 — Ie A 448/30 —, RStBl. **31** 123). Der Abzug ist von dem Erwerbe vorzunehmen, in dem der Wert steckt, den der Erwerber durch seine Dienste geschaffen hat. Bei Diensten im elterlichen Betriebe hängt es vom ehelichen Güterrecht der Eltern ab, ob und wieweit der Abzug bei dem vom Vater oder dem von der Mutter angefallenen zu erfolgen hat (RFH. 21. April 1931 — Ie A 146/31 —, RStBl. 395). — Dienste besonderer Art begründen höheren Abzug (RFH. 20. Mai 1930 — Ie A 191/30 —, StW. **9** 620). — Geminderte Erwerbsfähigkeit begründet keine Minderung des Abzugs, wenn durch die Dienste tatsächlich eine volle Arbeitskraft erspart wurde (RFH. 2. Dez. 1930 — Ie A 448/30 —, RStBl. **31** 123). — Für die Berechnung ist die Zeit, in der die Dienste geleistet wurden, nicht die des Anfalls maßgebend; für in der Inflationszeit geleistete Dienste Berechnung unmittelbar in Reichsmark, keine Umrechnung (RFH. **18** 333; RFH. 10. Febr. 1931 — Ie A 288/30 —, StW. **10** 491). — Gegen die Festsetzung des Abzugsbetrags ist das ordentliche Rechtsmittel-, nicht Beschwerdeverfahren gegeben (RFH. 25. Juni 1930 — Ie A 18/30 —, RStBl. 591); keine Nachprüfung der Angemessenheit des Betrags durch RFH. (RFH. 19. Juni 1928 — Ve A 211/28 —, StW. **7** 608).

III. Teil.

Veranlagung und Erhebung.

1. Steuererklärung.

§ 25.

(1) Jeder der Erbschaftsteuer unterliegende Erwerb ist vom Erwerber,[1]) bei einer Zweckzuwendung vom Beschwerten binnen einer Frist von drei Monaten nach erlangter Kenntnis von dem Anfall oder von dem Eintritt der Verpflichtung dem Finanzamt[2]) anzumelden.[3])

(2) **Erfolgt der steuerpflichtige Erwerb durch ein Rechtsgeschäft unter Lebenden, so ist zur Anmeldung auch derjenige verpflichtet, aus dessen Vermögen der Erwerb stammt.**

(3) **Einer Anmeldung bedarf es nicht, wenn der Erwerb auf einer von einem deutschen Gericht oder einem deutschen Notar eröffneten Verfügung von Todes wegen beruht und sich aus der Verfügung das Verhältnis des Erwerbers zum Erblasser unzweifelhaft ergibt. Das gleiche gilt, wenn eine Schenkung unter Lebenden oder eine Zweckzuwendung gerichtlich oder notariell beurkundet ist.**

1. Nur steuerpflichtiger Erwerb ist anzumelden (s. dagegen Anm. 1 zu § 26 hinsichtlich der Steuererklärung). Die Anmeldepflicht für gesetzliche Vertreter, Nachlaßverwalter, Testamentsvollstrecker, Pfleger, Erbschaftsbesitzer usw. ergibt sich aus §§ 103 ff. AO.

2. Zuständigkeit: §§ 74, 77 ff. AO.; grundsätzlich zuständig das FA. des Wohnsitzes des Erbl. (Schenkers), u. U. das FA. des Erwerbers oder das FA., das zuerst mit der Sache befaßt wird.

3. Nach näherer Vorschrift der §§ 4, 5, 13 ErbStAB.

§ 26.

(1) **In den Fällen des § 25 kann das Finanzamt von den zur Anmeldung Verpflichteten innerhalb einer von ihm zu bestimmenden Frist die Abgabe einer Erklärung verlangen.[1]) Die Frist muß mindestens einen Monat betragen.[2])**

(2) **Die Erklärung hat ein Verzeichnis der zum Nachlaß gehörenden Gegenstände und die sonstigen für die Feststellung des Gegenstandes und des Wertes des Erwerbes erforderlichen Angaben nach näherer Bestimmung des Reichsministers der Finanzen zu enthalten.**

1. Dazu §§ 166 ff. AO. und die ErbStAB. (§§ 27 ff.). Durch die Beschränkung auf den nach § 25 zur Anmeldung Verpflichteten wird die weitere Verpflichtung des § 167 Satz 2 AO. nicht eingeschränkt, wonach zur Steuererklärung jeder verpflichtet ist, bei dem nach Ermessen des FA. die Möglichkeit einer Steuerpflicht gegeben ist (RFH. 22. Dez. 1921 — Ia A 195/21 —, Jb. **3** 301; RFH. **8** 301). Diese „Möglichkeit" ist nur dann anzunehmen, wenn bereits entstandene Steuerpflicht vorausgesetzt werden kann (RFH. **25** 121). — Verpflichtung zur Steuererklärung auch bei Bestreiten der Steuerpflicht (RFH. 15. März 1922 — VI A 194/21 —, StW. **1** 572); auch für den (für sich steuerfreien) überlebenden Ehegatten, der mit Abkömmlingen

Gütergemeinschaft fortsetzt (RFH. **11** 62 u. RFH. 14. März 1928 — VeA 571/27 —, Jb. **9** 242). — Über die Grenzen der Steuererklärungs- und Auskunftspflicht s. RFH. **11** 1; RFH. **11** 62; RFH. 18. Okt. 1922 — VIA 202/22 —, StW. **2** 40; RFH. 14. März 1923 — VIA 24/23 —, StW. **2** 487; RFH. 20. April 1923 — VIA 22/23 —, StW. **2** 629.

2. Bei Nichteinhaltung der Steuererklärungsfrist kann das FA. u. U. einen Zuschlag bis zu 10 v. H. des endgültigen Steuerbetrags auferlegen. Im übrigen s. §§ 166 ff., 392 ff. AO.

2. Pflichten Dritter.

§ 27.

(1) Dem Finanzamt haben von Amts wegen mitzuteilen

1. die Standesämter: die Sterbefälle;
2. die Gerichte: Erbscheine, Todeserklärungen, die sie ausgesprochen haben, und die von ihnen angeordneten Nachlaßpflegschaften;
3. die Gerichte und die Notare: die Vornahme von Erbauseinandersetzungen.

(2) Gerichte, Notare und andere zur Beurkundung von Grundstücksverträgen zuständige Beamte haben beglaubigte Abschriften der von ihnen eröffneten Verfügungen von Todes wegen und beurkundeten Schenkungen und Zweckzuwendungen zu übersenden. Die Verpflichtung bezieht sich auch auf Geschäfte, die sachlich eine Schenkung enthalten.

§ 28.

(1) Wer sich geschäftsmäßig mit der Verwahrung oder Verwaltung fremden Vermögens befaßt, ist verpflichtet, Vermögen des Erblassers, das sich in seinem Gewahrsam [1]) befindet, und Vermögen, das bei ihm zur Verfügung des Erblassers hinterlegt ist, binnen einem Monat, nachdem er von dem Eintritt des Erbfalls Kenntnis erlangt hat, dem Finanzamt nach näherer Bestimmung des Reichsministers der Finanzen anzumelden [2]). Soweit nach der mit einem ausländischen Staate getroffenen Vereinbarung die zum Nachlaß eines Angehörigen dieses Staates gehörenden Vermögensgegenstände seinem konsularischen Vertreter auszuantworten sind, hat die Anmeldung spätestens gleichzeitig mit der Ausantwortung zu erfolgen.

(2) Dem Finanzamt ist ferner seitens derjenigen, die auf den Namen lautende Aktien oder Schuldverschreibungen ausgegeben haben, bevor sie die auf den Namen des Erblassers gestellten Wertpapiere nach Eintritt des ihnen bekannt gewordenen Erbfalls in ihren Büchern auf den Namen einer anderen Person umschreiben, von der beantragten Umschreibung schriftlich oder zu Protokoll Mitteilung zu machen.

1. Auch Barguthaben (RFH. 3 246). — s. auch Anm. 11 zu § 15.

2. Anmeldepflicht zurzeit beschränkt auf Vermögen über 500 RM.: ErlRFM. 1. März 1928 — III erb 410 — (RStBl. 100). — Anzumelden sind auch verwahrte Stücke der (u. U. steuerfreien) Reichsanleihe 1929: ErlRFM. 5. Juli 1929 — S 3831/968 —. Im übrigen s. § 20 ErbStAB.

§ 29.

Versicherungsunternehmungen [1]) sind verpflichtet, bevor sie Versicherungssummen oder Leibrenten an einen anderen als den Versicherungsnehmer auszahlen, dem Finanzamt den wesentlichen Inhalt des Versicherungsvertrags und die Person des Empfangsberechtigten nach Name, Stand und Wohnung mitzuteilen.[2])

1. Allgemein, nicht nur Lebensversicherungsunternehmungen. — Zum Begriff s. auch Anm. 9 zu § 15.

2. Zur Auslegung sind ergangen: ErlRFM. 13. Okt. 1920 — III a 5329 — (RStBl. 609); 12. März 1921 — III a 1630 — (RStBl. 172); 25. Juni 1921 — III V 4236 — (RStBl. 295) [sämtlich mit Bezug auf § 60 ErbStG. 1919, aber auch hier verwendbar]: Mitteilungspflicht ist unabhängig von der Frage, ob die Versicherungssumme zum Nachlaß gehört; besteht auch bei Abtretung der Rechte aus dem Versicherungsvertrag beim Tode des Zedenten; nicht bei bloßer Rückzahlung der Prämien, Prämienreserve oder des Rückkaufswerts; jedoch bei „Unfallversicherung mit Prämienrückgewähr". — Anmeldepflicht beschränkt auf Versicherungssummen über 500 RM: ErlRFM. 1. März 1928 — III erb 410 — (RStBl. 100).

3. Steuerfestsetzung.

§ 30.

Fortgefallen.

[VO. d. Reichspräsidenten zur Sicherung von Wirtschaft u. Finanzen v. 1. Dez. 1930 (RGBl. I S. 517), 3. Teil, Kap. IV Art. 4 § 5 Nr. 2.]

§ 31.

Auf Grund der Steuererklärung ist der ihr entsprechende Betrag der Steuer als vorläufige Zahlung zu entrichten. Das Finanzamt setzt die vorläufige Zahlung fest; sie ist binnen einem Monat nach der Zustellung des Steuerbescheids fällig.

§ 32.

Für die Berechnung der Steuer wird der steuerpflichtige Betrag [1]) auf volle 10 Reichsmark nach unten abgerundet.[2])

1. = Bereicherung des einzelnen Erwerbers (§ 10 Abs. 3).

2. Die Abrundung des Steuerbetrags regelt die Abrundungsverordnung v. 31. Okt. 1923 (RGBl. I S. 1049).

§ 33.

Steuern, die von dem Kapitalwerte von Renten oder anderen wiederkehrenden Nutzungen oder Leistungen zu entrichten sind, können nach Wahl des Steuerpflichtigen statt vom Kapitalwerte jährlich im voraus von dem Jahreswert entrichtet werden. Die Steuer wird in diesem Falle nach dem Hundertsatz erhoben, der sich nach § 10 für den gesamten Kapitalbetrag ergibt.[1])

1. Es wird zunächst der Kapitalwert der Rente nach § 45 RBewVStDB. berechnet; der nach der Höhe des Kapitalwerts nach §§ 9, 10 ErbStG. zu erhebende Steuersatz ist jährlich vom Jahreswert der Rente zu entrichten; bei Anfall von noch anderem Vermögen ist der Steuersatz für den Gesamtanfall (§ 10 Abs. 3) maßgebend. Steuerzahlung für den Rentenanfall bis zum Tode des Berechtigten oder dem früheren Erlöschen der Rente (RFH. 25 165). Ein Antrag auf Entrichtung der Steuer vom Jahreswert nur während einer bestimmten (etwa dem Kapitalisator entsprechenden) Anzahl von Jahren ist ausgeschlossen (RFH. 25. März 1930 — Ie A 835/29 —, StW. 9 529). Wird die Steuer vom Jahreswert entrichtet, so findet bei vorzeitigem Wegfall der Rente nach § 145 Abs. 3 AO. a. F. (§ 18 RBewG. n. F.) keine Berichtigung der Steuerfestsetzung für den Rentenberechtigten statt; dagegen bei der für den Rentenbelasteten (RFH. 9. Dez. 1930 — Ie A 375/30 —, RStBl. 31 141).

§ 34.

(1) Beim Erwerbe von Vermögen, dessen Nutzung einem anderen als dem Steuerpflichtigen zusteht,[1]) kann der Pflichtige verlangen,[2]) daß die Versteuerung bis zum Erlöschen des Nutzungsrechts ausgesetzt bleibt.[3]) Auf Verlangen des Finanz-

amts hat der Steuerpflichtige für die Steuer Sicherheit zu leisten.

(2) Geht in dem Falle des Abs. 1 das mit dem Nutzungsrechte belastete Vermögen vor dem Erlöschen des Nutzungsrechts durch Erbfolge auf einen anderen über, so wird die Steuer für diesen Übergang nicht erhoben, vielmehr tritt die gleiche Behandlung ein, wie wenn derjenige, dem das Vermögen zur Zeit des Erlöschens gehört, das Vermögen unmittelbar von dem ursprünglichen Erblasser erworben hätte.

1. z. B. wenn einem „anderen" der Nießbrauch am Nachlaß vermacht ist; aber nicht bei gesetzlicher (familienrechtlicher) Nutzung (RFH. 24. Juni 1930 — Ie A 885/29 —, RStBl. 490). Nicht beim Beisitz der Witwe nach Bremer Ehe (RFH. **23** 52).

2. Antrag bis zur Erledigung des Steuerfalls, auch bei vorherigem Wegfall der Nutzung, zulässig (RFH. **8** 328; RFH. 20. Mai 1930 — Ie A 807/29 —, StW. **9** 813). Nur mit Zustimmung des FA. rücknehmbar. Antrag kann nicht schon deshalb unterstellt werden, weil FA. durch Schuld eines Notars erst nach Erlöschen der Nutzung Kenntnis von dem Steuerfall erhält (RFH. 20. Mai 1930 — Ie A 807/29 —, StW. **9** 813).

3. Völlige Verschiebung der Steuerpflicht bis zum Erlöschen der Nutzung: § 14 Abs. 2; alsdann ist das Vermögen (ohne Abzug für die Nutzung) mit dem Wert in diesem Zeitpunkt zu versteuern. Besonderheiten für den Fall der Veräußerung der Substanz oder bei ihrer Einbringung in eheliche Gütergemeinschaft während der Nutzungsdauer s. RFH. **27** 324.

§ 35.

Das Landesfinanzamt ist ermächtigt, auf Antrag der Steuerpflichtigen von der genauen Ermittlung des steuerpflichtigen Vermögens und der Vorlegung eines Verzeichnisses ganz oder zum Teil abzusehen und einen Pauschbetrag für die Steuer anzunehmen, auch die Pauschversteuerung in solchen Fällen, in denen die Versteuerung andernfalls noch ausgesetzt sein müßte, zu gestatten.[1] [2])

1. Auf den Antrag kann das LFA. die Pauschversteuerung nur im Einvernehmen mit dem Steuerpflichtigen, nicht nach einseitigem Befinden normieren. Gleichwohl obrigkeitlicher Akt der Pauschalierung des LFA., alsdann beiderseitig bindend. Die Schätzung durch das FA. hinsichtlich der Besteuerungsgrundlagen nach § 217 AO. ist von der Pauschalierung der Steuer nach § 35 ErbStG. durch das LFA. zu unterscheiden.

2. Gegen Ablehnung des Antrags Beschwerde an RFM. (§ 303 AO.).

§ 36.

Sind bei der Erteilung des Steuerbescheids abzugsfähige Verbindlichkeiten nicht berücksichtigt worden, weil sie dem Steuerpflichtigen unbekannt waren, so kann er bis zum Ablauf von 5 Jahren seit der Veranlagung Berichtigung des Steuerbescheids beantragen.[1])

1. § 225 AO. — Vor Erlaß des Steuerbescheids dem Pflichtigen bekannte Verbindlichkeiten können später nicht berücksichtigt werden, auch wenn er ihre Geltendmachung aus Unkenntnis über die Abzugsfähigkeit unterlassen hatte (RFH. **23** 285). Waren ihm zur Zeit der Erteilung des Steuerbescheids die eine Verbindlichkeit begründenden Tatsachen bekannt, so kann er später nicht Berichtigung rechtskräftiger Veranlagung mit der Begründung beantragen, die Verb. sei ihm unbekannt gewesen (RFH. 24. März 1931 — Ie A 119/31 —, RStBl. 358). — Berichtigung nur soweit zulässig, als die Veranlagung bei Kenntnis der Verbindlichkeiten anders ausgefallen wäre (RFH. **26** 337).

4. Stundung.

§ 37.

(1) Ist die sofortige Einziehung der Steuer für den Erwerb von inländischem landwirtschaftlichen, forstwirtschaftlichen oder gärtnerischen Vermögen, inländischem Grundvermögen oder inländischen zum Betriebsvermögen gehörigen Grundstücken mit erheblichen Härten für den Steuerpflichtigen verbunden, so sind ihm auf Antrag Teilzahlungen in höchstens 10 Jahresbeträgen zu bewilligen, sofern der Anspruch durch die Stundung nicht gefährdet wird.[1]) Die Bewilligung ist zurückzunehmen, wenn die Voraussetzungen der Stundung wegfallen.

(2) Die Stundung ist in der Regel nur gegen Sicherheitsleistung und Verzinsung zu gewähren. Als ausreichende Sicherheitsleistung gilt die Eintragung einer Sicherungshypothek auf die Grundstücke, sofern der Hypothek andere als die zur Zeit des Anfalls bestehenden Rechte nicht vorgehen; sind mehrere Grundstücke angefallen, so kann die Bestellung der Sicherungshypothek auf einen Teil von ihnen beschränkt werden, wenn dadurch der Steueranspruch nicht gefährdet wird. Soweit die Bestellung einer Hypothek an einem Grundstück in der Art zulässig ist, daß

Befriedigung aus dem Grundstück lediglich im Wege der Zwangsverwaltung gesucht werden kann, genügt die Bestellung einer solchen Hypothek.

(3) Zur Bewilligung von Stundung über ein Jahr ist die Zustimmung des Landesfinanzamts erforderlich.

1. Spezialvorschrift für Grundbesitz; im übrigen: § 127 AO. als lex generalis.

2. Verzinsung mindestens 5, höchstens 12 v. H. jährlich: VO. d. RPräs. vom 20. Juli 1931 (RGBl. I S. 385), § 9; bei nicht rechtzeitiger Zahlung Verzugszuschläge.

§ 38.

(1) Beim Vorliegen der Voraussetzungen des § 37 Abs. 1 ist dem Steuerpflichtigen auf Antrag zu gestatten, daß zum Zwecke der Befriedigung während eines Zeitraums von höchstens 20 Jahren jährlich ein gleicher Geldbetrag (Tilgungsrente) entrichtet und hierfür an den Grundstücken eine Grundschuld bestellt wird. § 37 Abs. 2 Satz 2 Halbsatz 2 findet entsprechende Anwendung.

(2) Die Tilgungsrente ist so zu bemessen, daß die Steuerschuld bei einer Verzinsung von 8 v. H. in dem vereinbarten Zeitraum getilgt wird. Als Kapital der Grundschuld ist der Steuerbetrag nebst Zinsen mit 8 v. H. einzutragen mit der Bestimmung, daß die Zahlung durch die während des vereinbarten Zeitraums zu entrichtende Tilgungsrente erfolgt. Der Reichsminister der Finanzen wird ermächtigt, den Zinssatz bei Veränderung der wirtschaftlichen Verhältnisse entsprechend herabzusetzen.

(3) Ist der Vermögenswert nach Nutzungen oder Leistungen berechnet, so ist die Tilgungsrente durch so viele Jahre zu entrichten, als dem bei der Berechnung der Steuer angenommenen Vielfachen des Wertes der einjährigen Nutzung oder Leistung entspricht.

(4) Diese Vorschriften finden keine Anwendung, sofern der Grundschuld andere als die zur Zeit des Entstehens der Steuerschuld bestehenden Rechte vorgehen würden.

(5) Zur Bewilligung der Tilgungsrente ist die Zustimmung des Landesfinanzamts erforderlich.

§ 39.

(1) Unterliegen die Grundstücke innerhalb des Zeitraums, während dessen die Tilgungsrente zu zahlen ist, von neuem einer Veranlagung, so kann zum Zwecke der Befriedigung wegen der infolge des weiteren Steuerfalls geschuldeten Steuer auf Antrag des Steuerpflichtigen eine neue, den Vorschriften des § 38 entsprechende Grundschuld in der Art bestellt werden, daß die Verpflichtung zur Zahlung der Rente der späteren Grundschuld nicht vor Ablauf eines Jahres nach Fälligkeit der letzten Rentenzahlung aus der vorhergehenden Grundschuld beginnt.[1])

(2) Die Vorschrift des Abs. 1 findet keine Anwendung, wenn die Grundstücke innerhalb des bezeichneten Zeitraums gegen Entgelt an andere Personen als solche der Steuerklassen I, II veräußert worden sind.[2])

1. Die Vergünstigung liegt in der Hinausschiebung der Verpflichtung zur Zahlung der zweiten Tilgungsrente.

2. Gemischte Schenkung wird nicht als Veräußerung im Sinne der Vorschrift anzusehen sein.

§ 40.

(1) Der noch nicht getilgte Betrag des Kapitals der Grundschuld kann von dem Eigentümer der Grundstücke jederzeit gezahlt werden. Dem Finanzamt steht eine Kündigung nicht zu.

(2) Die Zahlung des Kapitals und der anderen Leistungen (§§ 38, 39) hat an die von dem Landesfinanzamt bestimmte Stelle zu erfolgen.

§ 41.

Ist das Grundbuch noch nicht als angelegt anzusehen, so ist in den Fällen des § 38 auf Antrag des Steuerpflichtigen zu gestatten, daß die Steuerschuld durch die dort bezeichneten Geldleistungen getilgt wird, sofern hierfür an den Grundstücken eine Sicherungshypothek bestellt wird, der andere als die zur Zeit des Anfalls bestehenden Rechte nicht vorgehen. Die Vorschrift des § 39 findet sinngemäße Anwendung.

5. Erstattung.

§ 42.

Die Steuer ist zu erstatten,[1])

1. soweit ein Geschenk wegen eines Rückforderungsrechts hat herausgegeben werden müssen;[2])
2. wenn die Herausgabe gemäß § 528 Abs. 1 Satz 2 des Bürgerlichen Gesetzbuchs abgewendet worden ist.[3])

1. s. §§ 150 ff. AO. Andere Erstattungen ergeben sich als Folge der Berichtigung der Steuerfestsetzung nach §§ 94, 222, 224 AO. Bei Ablehnung der Erstattung die üblichen Rechtsmittel (§ 235 Nr. 4 AO.). Die Erstattung auf Grund rechtskräftiger Steuerbescheide gezahlter Steuern kann nicht mit Gründen begehrt werden, die sich gegen die Rechtmäßigkeit der Steuerbescheide richten und deshalb gegen die Besteuerung im vorgeschriebenen Rechtsmittelverfahren hätten geltend gemacht werden müssen (RFH. 19. Mai 1931 — Ie A 194/31 —, StW. **10** 692).

2. z. B. in den Fällen der §§ 528, 530, 1301, 2287, 2288, 2329 BGB., also bei nachträglicher Armut des Schenkers, Undank des Beschenkten, Rückforderung der Verlobungsgeschenke und Ehegeschenke, Rückforderungsrecht des Vertragserben oder Pflichtteilsberechtigten gegenüber Schenkungen des Erbl. — Freiwillige Rückgängigmachung einer Schenkung gibt keinen Erstattungsgrund. — Wegen Nichtigkeit des Schenkungsvertrags siehe § 3 Anm. 1 a. E.

3. Auch bei Nr. 2 ist Voraussetzung ein Rückforderungsrecht im Sinne der Nr. 1 (RFH. 28. Febr. 1930 — Ic A 794/29 —, DVR. **22** 126).

IV. Teil.

Übergangs- und Schlußvorschriften.

§ 43.

(1) Dieses Gesetz findet auf Erwerbe Anwendung, für welche die Steuerschuld nach dem 31. Dezember 1924 entsteht.[1]) Für die Frage, wann die Steuerschuld entsteht, sind die Grundsätze des § 14 auch dann maßgebend, wenn der Erblasser vor dem 1. Januar 1925 verstorben ist, es sei denn, daß der Erwerb bereits der Besteuerung nach den bisherigen Vorschriften unterworfen worden ist.[2]) Auf Zuwendungen und Beiträge an politische

Parteien und Vereine (§ 18 Abs. 1 Nr. 20, § 19 Satz 2) finden Satz 1, 2 mit der Maßgabe Anwendung, daß an die Stelle des 31. Dezember 1924 der 31. Dezember 1923 und an die Stelle des 1. Januar 1925 der 1. Januar 1924 tritt.

(2) Soweit auf Grund des Abs. 1 Reichserbschaftsteuer zu erheben ist für Erwerbe, für die unter Anwendung der bisherigen Vorschriften Erbschaftsteuer eines Landes zu erheben gewesen wäre, wird die Reichserbschaftsteuer für Rechnung dieses Landes erhoben.[3])

(3) Der Reichsminister der Finanzen erläßt mit Zustimmung des Reichsrats nähere Überleitungsbestimmungen.[4])

1. Entstehung der Steuerschuld s. § 14.

2. Somit findet das ErbStG. 1925 in jeder Beziehung auch Anwendung auf jeden nach dem 31. Dez. 1924 auf Grund einer Nacherbfolge, einer aufschiebenden Bedingung usw. eintretenden Erwerb (s. § 14 Abs. 1 Nr. 1 unter a bis h, Abs. 2), sofern dieser Erwerb für sich nicht schon der Besteuerung unterworfen worden war; ob der Erbl., auf den der Erwerb zurückgeht, unter Reichserbschaftsteuerrecht oder noch unter Landeserbschaftsteuerrecht verstorben ist, ist ohne Belang. Eine „Besteuerung" nach früherem Recht liegt nicht vor, wenn seinerzeit die Versteuerung ausgesetzt war, z. B. nach § 26 ErbStG. 1906, § 51 ErbStG. 1919, § 37 ErbStG. 1922, die dem jetzigen § 34 entsprechen (RFH. 11. Febr. 1930 — Ie A 817/29 —, StW. **9** 308).

3. Auf Fälle, in denen den Ländern auf Grund des § 58 ErbStG. 1906 nur ein Zuschlagsrecht zu der nach dem gen. ReichserbStG. zu erhebenden Steuer zustand, wird die Vorschrift nicht zu erstrecken sein. — Die Erhebung der Steuer für Rechnung des betreffenden Landes ändert nichts an dem Charakter der nach dieser Vorschrift zu erhebenden Steuer als Reichssteuer; für sie gilt daher die AO. mit ihrem Rechtsmittelzug usw. (RFH. **22** 83). Abs. 2 begründet aber nicht Zuständigkeit des RFH. als Rechtsbeschwerdeinstanz, wenn nach Abs. 1 Satz 1, 2 nur Landeserbschaftsteuer erhoben werden kann (RFH. **28** 203, in Abänderung von RFH. 14. Jan. 1930 — Ie A 887/28 —, StW. **9** 273).

4. Die VO. zur Überleitung des Erbschaftsteuerrechts v. 28. Juni 1926 (RGBl. I S. 361) bringt nur Überleitungsbestimmungen zu den § 9 Abs. 3 und § 13 Ges. (s. dort).

Sachregister.

(Die Zahlen verweisen auf die Seiten.)

Otto Walter, Buchdruckerei, Berlin S 14

FSC
www.fsc.org
MIX
Papier | Fördert
gute Waldnutzung
FSC® C083411

Kolibri 360 GmbH
Ferdinand-Jühlke-Straße 7
99095 Erfurt, Deutschland
produktsicherheit@kolibri360.de